世雄绝英

多尔衮

传奇

墨尔根觉罗·永宁 ◎ 著

新华出版社

图书在版编目（CIP）数据

绝世英雄：多尔衮传奇 / 墨尔根觉罗·永宁著.
--北京：新华出版社, 2015.5
ISBN 978-7-5166-1632-1

Ⅰ.①绝…　Ⅱ.①墨…　Ⅲ.①多尔衮（1612~1651）－传记
Ⅳ.①K827=49

中国版本图书馆CIP数据核字(2015)第079521号

绝世英雄：多尔衮传奇
作　　者：墨尔根觉罗·永宁

责任编辑：石春凤　祝玉婷　　　责任印制：廖成华
封面设计：李尘工作室

出版发行：新华出版社
地　　址：北京石景山区京原路8号　　邮　　编：100040
网　　址：http://www.xinhuapub.com　http://press.xinhuanet.com
经　　销：新华书店
购书热线：010－63077122　　　中国新闻书店购书热线：010－63072012

照　　排：臻美书装
印　　刷：河北鑫宏源印刷包装有限责任公司
成品尺寸：170mm×240mm
印　　张：10　　　　　　　　字　　数：130千字
版　　次：2016年8月第一版　　　印　　次：2016年8月第一次印刷
书　　号：ISBN 978-7-5166-1632-1
定　　价：28.00元

前　言

　　清朝是由满洲人建立起来的。自太祖努尔哈赤创立后金，共经历了 12 位帝王。从 1644 年清军入关至 1912 年清帝逊位，清朝统治全中国 268 年。清初三大疑案之一的"太后下嫁"为大清史增添了几许神秘。随着清宫剧在荧屏上的热播，近几年频频出现在影视作品中的多尔衮受到了观众们的关注，成为百姓们茶余饭后的谈资。

　　俗话说："自古英雄出少年。"拥有爱新觉罗皇室血统的睿亲王多尔衮为大清建国创下基业。他是大清朝的实际创立者之一，辅佐顺治皇帝福临定鼎燕京。他是一位少年英雄，立下了辉煌显赫的战功。从镶白旗旗主到皇父摄政王，在权力的风口浪尖书写着自己传奇的一生。从政七年，为大清的繁荣奠定丕基。薨逝后被顺治帝追尊为义皇帝，庙号成宗，他生前并未称帝，死后却被尊为皇帝，对他来说，可能是上天赐给他的一种奇妙的安慰。可以说没有多尔衮就没有大清朝，让我们进一步了解这位清初权倾一时的摄政王，了解大清创国之初的故事。

英国哲学家弗兰西斯·培根曾说："读史使人明智。"来吧，朋友，让我们怀着崇敬的心情，去品读历史、品读人物，去了解一代英雄多尔衮的传奇人生。本书以多尔衮、孝庄、顺治帝为主线，以历史时间为序，记述了多尔衮少年时期、青年时期以至中年的成长过程所发生的大事件。这些大事件从侧面烘托出人物的性格，通过一件件完整的故事情节（如大妃生殉、征战察哈尔、太后下嫁等），使读者清楚地认识睿亲王多尔衮。知道历史上多尔衮的事迹，包括发生的著名战役、良臣将相、文人墨客。

在编写此书的过程中，我参阅了大量的历史书籍，也从专家们的研究成果中汲取了不少经验。由于我的水平有限，书中难免出现缺漏，希望广大读者给予批评、指正。

作者 农历甲午年二月
于台湾华梵大学明月楼 522 室

内容提要

　　他是大清朝的实际创立者之一，辅佐顺治皇帝福临定鼎燕京。他是一位少年英雄，立下了辉煌显赫的战功。从政七年，为大清的繁荣奠定丕基。

　　从镶白旗旗主到皇父摄政王，在权力的风口浪尖书写着自己传奇的一生。薨逝后被顺治帝追尊为义皇帝，庙号成宗，他生前并未称帝，死后却被尊为皇帝，对他来说，可能是上天赐给他的一种奇妙的安慰。

　　可以说没有多尔衮就没有大清朝，让我们进一步了解这位清初权倾一时的摄政王，了解大清创国之初的故事。

目录

第一章　自古乱世出英雄

第一节　校场比武拔头筹　少年英雄初长成

　　后金天命五年（1620年）夏季的某日，在后金军搭建的比武场上，老汗王努尔哈赤的儿子们要进行一场个人武艺的比较。获得第一名的阿哥将会得到老汗王的奖赏。参加此次比赛者都是老汗王努尔哈赤的儿子，此时，老汗王已经有了15位阿哥，他们是大阿哥褚英、二阿哥代善、三阿哥阿拜、四阿哥汤古代、五阿哥莽古尔泰、六阿哥塔拜、七阿哥阿巴泰、八阿哥皇太极、九阿哥巴布泰、十阿哥德格类、十一阿哥巴布海、十二阿哥阿济格、

努尔哈赤故居

十三阿哥赖慕布、十四阿哥多尔衮、十五阿哥多铎。由于幼子多铎年纪尚小，大阿哥有事务在身未能参加、三阿哥阿拜和四阿哥汤古代也奉老汗王之命巡城处理事务不能到场，其余的诸位阿哥们一一到齐。参加此次比赛的阿哥们要数二阿哥代善年纪最长，身为兄长的代善现年 37 岁，还有五阿哥莽古尔泰现年 33 岁、六阿哥塔拜和七阿哥阿巴泰均现年 31 岁，这几位阿哥已经出落成了翩翩公子，八阿哥皇太极现年 28 岁……数十四阿哥最小，此时的多尔衮年仅 8 岁。

满洲八旗（整黄、镶黄；整白、镶白；整红，镶红；整蓝、镶蓝）

比武正式开始，接着，负责此次比武会场的士官开始念致词：

"自古有言：'武者兵道，非唯治世，亦是安国定邦之器也'。昔日老汗王以十三副铠甲起兵，文治武功卓著，开创了后金汗国。而今后金初创，

老汗王对诸位阿哥寄予厚望，望阿哥们武功精通，以保后金汗国万世之基业也。

"古之帝王者，能文亦武者甚多，纵观有为者，亦若文武双全。然治世之出也，仁君必不可缺，良将也遂不能少。今满洲初定，望尔等后辈勉而致之，凡精于兵法、谋策、弓骑诸法且能力拔头筹者，定有重赏。望诸阿哥以古之先贤而勉之！今日之举，分列三甲者，会各有赏赐，以资鼓励。愿诸位阿哥共励之，以勤学苦练为任，以保后金基业，不负他日之重托也！"

汗王刀

"第一项，是骑术比赛。请诸位阿哥们挑选好自己的坐骑，进行参赛。"

骑术比赛比的是驭马者控制马的能力，在马的奔跑速度上不仅可以驾驭如流，而且，在规定的马术比赛中，按规定奔跑完全程，最快通过终点者为胜。

"比赛正式开始，"士官喊道："各位阿哥，预备，出发……"咚、咚、咚……"十四阿哥加油，十四阿哥加油……"

在盛京的一处马场中，努尔哈赤汗在演武场的中间观台上正在津津有味地观看着自己儿子们的武功课业。换句话说，也是一次检查诸位阿哥学习情况的一个汇报表演。

"驾……驾……"诸位阿哥听到出发的命令后，纷纷策马扬鞭。这次比赛的马术场是一个圆形的路径，在这条路上设有柴堆、火圈，战马要按所设之障碍，逐一通过，并顺利到达终点。

首先跑在前面的是八阿哥皇太极、七阿哥阿巴泰、二阿哥代善紧随其后，毕竟，这几位阿哥久经这种场面，而且经历过沙场，胆识和策略都是过硬的。年轻的十二阿哥阿济格和十四阿哥多尔衮却显得格外努力，快马加鞭地紧追几位兄长。

代善喊道："二位小弟，加油！照顾好自己，二哥先走一步了。"说起二阿哥代善，平日里倒是十分照顾下面的弟弟们，大哥褚英处于长子的地位，自然被父汗定为汗位的继承人，未来的后金汗王。那定是尽心培养，严格要求。因此，褚英的生活并不是十分轻松，从小到大，都被父汗过于严格地要求着。代善虽然也有自己的事务处理，但相比大哥，也算是轻松的吧。从小到大，代善对人都十分和蔼，弟弟们也都喜欢跟着二哥一起出门骑马，说说笑笑的。

"代善哥哥，请您放心。"阿济格和多尔衮齐声应道。同时，加紧挥动手中的马鞭，"驾……驾……"柴堆很容易通过，火圈就没有那么容易了。忽然，十阿哥德格类的马被火圈烫了一下，马惊了，向马圈之外跑去……

"啊……吁……吁……"

不管十阿哥怎么喊、怎么弄，马都不听他的话。德格类因此紧张得直冒汗，毕竟，这种场面他还是头一次经历。而且他的年纪也28岁了，在诸位兄弟之间比赛，自然有压力，都想取得理想的成绩，给弟弟们做个好榜样。此时，八阿哥皇太极看到了，纵马跳出了马术赛场，紧追十阿哥。"十弟莫慌，八哥在此。"皇太极和德格类两人同年出生，平时关系也不错，看到老十出了事，皇太极自然挺身而出。跑了片刻，皇太极的马和德格类的马平行相行，刹那间，皇太极纵身跳上了十阿哥的马，用手勒住马的缰绳，双腿紧夹马的肚子，这匹马顿时停住了，二人总算松了一口气。

"八哥，谢谢你！"皇太极纵身跳下马来说道："好啦，都是自家兄弟，客气什么。十弟，你有没有伤到呢，要紧吗？"

"八哥，我没事，只是腿部被蹭伤了皮肉，小问题。我们赶紧回赛场吧，不然父汗会着急的。"德格类道。

"好，那走吧。"皇太极道。

且说另一边，赛马场还在进行着比赛。这时，小阿哥多尔衮一马当先，劲头十足地向前冲，从他的动作可以看出他的骑术十分娴熟。转眼间，他的马超过了二哥代善。代善看到道："好！好！十四弟，不错嘛，有长进啦。"

"驾……驾……"这边赛场的顺序是代善、莽古尔泰、塔拜、巴布海、阿巴泰、阿济格。

众位阿哥，加油！还有最后一圈啦。众旗兵一起呼喊着。赛场上好不热闹。

老汗王则在座上一边饮酒，一边观看。他端详着跑在前面的多尔衮，喜上眉梢，表情挂在脸上。其实，努尔哈赤是十分喜欢多尔衮的，在众多阿哥中，多尔衮和多铎算是老汗王的幼子，按常理说，父亲一般都疼小的，小的可爱。可是偏偏多尔衮这位阿哥又这么争气，自小就聪明伶俐，课业十分优秀。他的母亲是乌拉纳喇·阿巴亥，阿巴亥美貌，又深得汗王宠爱，自然努尔哈赤见到多尔衮的机会多了很多，每次多尔衮的表现都令他的父汗满意。有一次，老汗王和阿巴亥在午餐时还夸道："这孩子，真像父汗呀，要是再大些就好了。"

这次比赛，老汗王还真是想看看年轻阿哥们的身手。当然，心里也希望幼子多尔衮能够得个好成绩。

"加油！加油！十四阿哥，加油！"此时，离终点还有20米左右，五阿哥莽古尔泰的马很快就要追上十四阿哥了，"驾……驾……驾……驾……"八旗士兵们都希望十四阿哥能旗开得胜，所以大家不由自主地喊了起来。

提到莽古尔泰，这里先略表一下。莽古尔泰身材高大、魁梧，打起仗来是把好手，可是，缺点是有时太鲁莽了，性格直爽，不太得老汗王欢心。此刻，五阿哥这么拼力也是想取得好成绩，讨得父汗高兴。

多尔衮很懂事，知道自己渐渐长大了，身为阿哥，应该为父汗分忧，他早就想去战场上为国立功了，因此，想借这次比赛一展身手，做个真正的像父汗那样高大的男子汉。想到这，他快马加鞭，一下冲过了终点，五阿哥的马则与多尔衮的马差半个马头通过终点。

"好！"老汗王从座位上起身拍手道。

多尔衮的马冲过终点后向前又冲了一圈，才来到老汗王努尔哈赤面前。众人都为他鼓掌叫好。"十四阿哥威武，十四阿哥威武，十四阿哥……"

"马术"这一项目比赛完毕，多尔衮也喜出望外，他牵着马走到老汗王面前，说道："父汗，孩儿献丑了。"

"起来吧，好孩子。"老汗王努尔哈赤说道。

"小弟，你真行。"这时，他的同母兄弟阿济格走过来拍着他的肩膀说道。

"十四弟，好样的。"代善等诸位阿哥也过来向小多尔衮道贺。

"各位兄长承让了，小弟先行谢过。"多尔衮很有礼貌地向他的哥哥们深施了一礼道。

"第一个项目比赛完毕，请诸位阿哥休息片刻，准备第二个项目。"校武场的士官喊道。

第二个项目是弓箭比赛。弓箭比赛是测试大家的臂力和精准度。靶心安放在百米外，要求人与箭、箭与靶心要在一条水平直线上，方能射中。当然，这其中最重要的还要看大家的力度。女真人自幼就习于骑射，因此，阿哥们从幼年便被培养了这种才能。这种训练也可以说是少年阿哥们课业中的家常便饭。

弓的张力大多都很好，韧性十足。要求试弓者有良好的协调性与臂力，方可开得。现在正是项目间的休息时间，阿哥们有的开始试弓搭箭。多尔衮也不例外，伸手拿出一支箭搭在弓弦之上，只听"嗖"的一声，箭直中靶心。代善、德格类、莽古尔泰等众阿哥也各试身手。

少许时间，比赛即开始了。众位阿哥们站成一排，面向靶心，待命令声发出后开始比赛。此项目的规则是每人20支箭，以射中靶心多者胜之。

"好，众阿哥预备，开始。"八旗士官高声道。

五阿哥莽古尔泰、七阿哥阿巴泰、九阿哥巴布泰三人首先放出了自己的第一箭。代善、多尔衮、阿济格等也先后发出了箭。多尔衮虽然只年仅8岁，但从他搭箭的神态上来看，不紧不慢，沉着冷静，连发六箭都直中靶心，让人好不叫绝。片刻之后，每人的20支箭便已经射完了，八旗士官统计结果后公布："箭法技艺胜出者分别有五阿哥莽古尔泰、七阿哥阿巴泰、十二阿哥阿济格、十四阿哥多尔衮。"因为，四人并列全中靶心，那么还要进行加试，以分胜负。

这时老汗王发话道："尔等四人可分为两两一组，其中各组中一人头顶一颗苹果在奔驰的马上驰骋，以五箭为止，另一人若能射中苹果者为胜。"于是，五阿哥和七阿哥组成一组，十二阿哥和十四阿哥组成一组。显然，前者在年龄上稍占优势。

"十二弟、十四弟，可别怪哥哥们欺侮你们呀。"五阿哥莽古尔泰说道。但见，莽古尔泰开弓搭箭，连发三箭，正中苹果中心。"好！好！好……"八旗士兵们纷纷给五阿哥喝彩。另外两箭莽古尔泰在马背上来了个俯马搭箭，倒射苹果，"嗖、嗖"两声，依然射中。

"好！不错！老五，你的箭法又有长进了。"老汗王努尔哈赤赞扬道。

"孩儿不敢，父汗过奖了。"五阿哥莽古尔泰回答道。

这时，轮到多尔衮了。这位少年阿哥一跃上马，他的兄长阿济格头顶苹果在战马上飞奔。只见努尔哈赤第十四子多尔衮骑着马向苹果奔进，他拉满弓，用尽全力将箭向苹果心射去。多尔衮连搭四箭，每箭都正中苹果，且四支箭从苹果中穿越而过，使苹果形成了一个大窟窿。正在大家看得起劲之时，多尔衮又搭上最后一支箭，但见此箭从苹果中心的窟窿穿过，"铛！"一下钉在了刚刚射箭场的靶心之上！在场众人都被这一场面惊呆，也不知是谁先喊了一声。"好，好……"八旗子弟们在为这位年仅8岁的小阿哥叫好。

"好！好神箭！"众人回过头来一看，原来是八阿哥皇太极。此时，八阿哥皇太极正和十阿哥德格类从场外回来。前文已述，第一回合的比赛中，十阿哥德格类的马受惊而跑出赛场，八阿哥皇太极见此景去救老十。待战马恢复平静后，二人乘骑归来，稍耽误了一些时间。回归赛场后，两位阿哥走到中央面对努尔哈赤道，"父汗，儿臣回来了。""好，回来就好，有没有伤到哪里？"努尔哈赤问道。"回禀父汗，儿臣没事。"皇太极和德格类答道。

接着，五阿哥和十四阿哥两组人也来到老汗王面前复命。"你们两组都射得不错呀！"努尔哈赤笑容满面地称赞道。"父汗您过奖了。"莽古尔泰和多尔衮谦虚地回答。"好了，我看这回合的比赛是多尔衮胜啦。""谢父汗！"多尔衮说道。"莽古尔泰也不错，还要加油，给弟弟做个好榜样。"努尔哈赤说道。"是，儿臣记下了。"莽古尔泰回答道。

接下来的项目，就是最后一回合的比赛了。项目是撂跤。蒙古人和女真人的业余时间常常会开展撂跤活动。这也是一项极具意义且强健体魄的项目。

比赛的众阿哥们一一换上服装后在一旁待命。这次比赛是按年龄段分组，年龄在25岁以上的阿哥们为第一组，另一组则是25岁以下的阿哥们。分在第一组的有：二阿哥代善、五阿哥莽古尔泰、六阿哥塔拜、七阿哥阿巴泰、八阿哥皇太极、九阿哥巴布泰、十阿哥德格类；第二组的阿哥有：十一阿哥巴布海、十二阿哥阿济格、十三阿哥赖慕布和十四阿哥多尔衮。

显然，第一组实力较强，都是久经沙场的勇士。第二组除十一阿哥巴布海现年 24 岁外，其他三人均为少年阿哥。论力道及年龄这样分组是合情合理的。于是，按照分组结果，两组人员同时进行比赛，对手按抽签制产生。

第一组，首先是代善对皇太极；其次是莽古尔泰对德格类；第三是塔拜对阿巴泰。九阿哥巴布泰抽到的签为空，因此，要等前三组分出胜负后再行抽签对决。

"二哥，愚弟得罪了。"皇太极歉意道。话音刚落，八阿哥一个箭步，拽住代善的衣服，使劲向怀里带。代善对这突如其来的进攻并未来得及反应，"扑通"一声，代善一屁股坐在了地上。皇太极胜。随后，八阿哥皇太极一把扶起了代善。

其他几人也是很快就分出了胜负，第一组第一轮的成绩是皇太极、德格类、阿巴泰三人胜。接下来是皇太极对巴布泰和德格类对阿巴泰。

"八哥，小弟来了。"话音刚落，巴布泰向前猛扑。八阿哥皇太极见来势汹汹，向左侧一晃身体，躲了过去。接着，九阿哥巴布泰紧随而至，正要伸手拽皇太极的衣服，此时，八阿哥皇太极早有防备，脚下一绊，巴布泰正好摔了一个大马趴。皇太极抓起九阿哥的衣服，左右手一使劲，将九阿哥从前摔至身后。这一下摔得可不轻，九阿哥脸上露出疼痛的神情。"哎哟，哎哟……"巴布泰痛苦地呻吟着，皇太极见状，方才回过神是自己出手重了。他赶紧搀扶起九弟，问道："九弟没事吧？"巴布泰缓缓地站起来说："还好，还好……"二阿哥代善赶紧过来帮忙，同八阿哥皇太极将巴布泰搀扶到坐椅上休息。另一边则是阿巴泰胜。

很快，第一组的赛点便到了，七阿哥阿巴泰对八阿哥皇太极。阿巴泰也一向英武，二人实力不相上下。但是皇太极足智多谋，用巧力胜了阿巴泰，取得了第一组的胜利。

另说第二组，巴布海对多尔衮，阿济格对赖慕布。巴布海比多尔衮年龄上大了 16 岁，有明显优势。十四阿哥多尔衮也不可小觑，自小神力过人。

所以说谁输谁赢还是个未知数。在个头上，巴布海身材稍显宽厚。比赛开始了，十一阿哥巴布海来势汹汹，多尔衮步步后退。并不是多尔衮畏惧，而是他是在借巧力，以退为攻，这样待巴布海体力不支时一发进攻。果然，巴布海有些毛躁了，这时，十四阿哥多尔衮双手抓住巴布海的肩膀，向右一拐，只见十一阿哥巴布海便坐在了地上。多尔衮胜。

另一回合的阿济格对赖慕布的对决中，十二阿哥阿济格便没有他的弟弟多尔衮那样机智，但还好年龄上占优势，一上场三下五除二地将十三弟赖慕布放倒在地。那么，第二组的决赛轮到了阿济格对多尔衮。

最后一轮较量开始了，"哥，这比赛还要比吗？小弟认输便是。"多尔衮谦恭道。"多尔衮，干吗不比，你一定得胜了为兄。"阿济格道。其实，阿济格心中知道，自己不是多尔衮的对手，但念于同母亲兄弟，十四阿哥多尔衮不愿意在众人及父汗面前让兄长下不来台，故此才谦恭。十二阿哥阿济格则希望自己的弟弟胜了能有好的成绩，因为，在战场上，是不能手软留情的。"多尔衮，战场无兄弟，你不能心慈手软。开始吧！"阿济格厉声道。多尔衮见状，勉强回道："好吧。"话音刚落，多尔衮轻而易举地上前一拽，阿济格倒地。多尔衮取得了第二组的胜利。

"结果已明，胜负已分，第三回合的比赛皇太极、多尔衮胜……"八旗士官大声喊道。最后，诸位阿哥在比赛结束后纷纷上马，表演了一段马术，赛场气氛到达顶点。时间过得飞快，大家都很尽兴，转眼间已到了正午。

努尔哈赤汗也十分高兴，"多尔衮，到阿玛这边来。"只见十四阿哥飞身从马上跳下，走上前跪在努尔哈赤面前道："阿玛，孩儿献丑了。""起来吧，好孩子，练得好，朕将'黑旋风'马赐给你。记住，以后要勤学苦练，别忘了我们满人可是在马背上长大的。"

"是，孩儿谨记阿玛教诲。"随后，总管太监从马厩里牵来了那匹"黑旋风"马，十四阿哥牵上马儿后可高兴了。

随后，老汗王努尔哈赤发话道："今日比武，让本王十分高兴。正

午已至，大家至演武场边的膳房用膳，以示庆贺。"同时，吩咐人另赏表现出色的：十四阿哥多尔衮、五阿哥莽古尔泰和八阿哥皇太极。

……

回到宫中，多尔衮跑到他的额娘阿巴亥宫中叫道："额娘，额娘。"

少许，从寝宫中走出一人，正是努尔哈赤汗的侧福晋。她不紧不慢地来到正堂，问多尔衮："孩子，什么事呀？这么吵吵嚷嚷的。"多尔衮走上前先给额娘请了一个安道："额娘，今天去校场比武，孩儿射中了靶心，阿玛把'黑旋风'赐给孩儿了。"

阿巴亥听了后不由一笑，拉着多尔衮的手说道："多尔衮，不要骄傲，今天你父汗赏赐了你，是在鼓励你，以后你一定要向你的几个哥哥们学习，做个真正的男子汉，明白吗？"

多尔衮眨了眨眼睛道："额娘，孩儿记住了。"

第二节　少年旗主多尔衮　父汗眼中新希望

后金天命六年（1621 年），老汗王努尔哈赤封多尔衮和多铎为旗主，即和硕额真，掌管旗内士兵。此年，这位少年旗主多尔衮年仅 9 岁。

多尔衮正在和师傅读书。"诸位阿哥，今日的课程首先是检查之前的课业。"李师傅端坐在椅子上对在场诸阿哥说道。和多尔衮一起学习的都是年龄相仿的阿哥，同桌的是多铎，旁边还有十二阿哥阿济格、十三阿哥赖慕布以及皇太极的长子豪格。这些学生中，虽然豪格比十三阿哥赖慕布、十四阿哥多尔衮、十五阿哥多铎早出生几年，但论辈分，豪格是小字辈，对多尔衮等要以叔叔相称呼。

努尔哈赤登基诰命诏书

上课的时间到了，李师傅说道："请各位阿哥准备出纸笔，默写满文的《论语》。"众位阿哥听了师傅的话，纷纷拿出应用之物，开始动笔写起来。李师傅走下来，来到多铎面前看他写。这里面数多铎最调皮，平时上课时不专心，但是课业情况还是良好的。李师傅有些喜欢这位小阿哥，觉得他很聪明。其实，多铎上课时候不专心，并不代表他没有学，每次放学回家，阿巴亥对她的三个儿子要求很严，会检查上课情况，如果答得不好，就要

大清太祖高皇帝努尔哈赤

被罚。他的哥哥多尔衮私下里都会帮多铎补习。就是在这种严格的要求下，阿济格、多尔衮、多铎的课业都十分优秀。

渐至午时，几位阿哥纷纷默写完毕，把所书之文交到李师傅面前。师

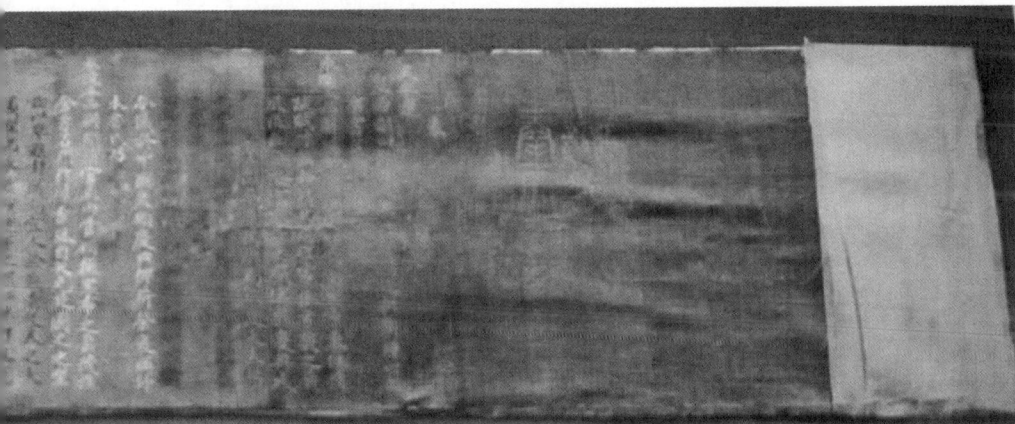

天命年间整白旗铠甲

傅拿着一边看一边点头道："不错，不错。"其中，多尔衮的书法最为工整，字迹清秀，行与行之间间距规矩，毫无乱涂乱画之处。其次是赖慕布、阿济格、多铎、豪格。

作业收齐后李师傅说道："好了，今天就学到这里吧，众位阿哥请回吧。"众阿哥齐向师傅施礼道："谢师傅，师傅再见。"

下课后，几位阿哥有说有笑地走着，在路上时不时地开一些玩笑。

"十二哥、十四哥，我们下午去玩吧。"多铎道。"多铎，你想去哪里？"多尔衮问道。多铎回答道："想去射箭。"多尔衮回复道："好主意。"

他随口又问："豪格要不要去呢？""回十四叔，我就不去了，额娘找孩儿还有事呢。"豪格说道。赖慕布想了想回答道："我也不去了，回去好好读书用功，以免下次上课被师傅责罚。""那好吧。"多尔衮说道。

……

午饭过后，三个小伙伴向阿巴亥告了假，一齐来到射箭场。阿济格今年已经 16 岁了，是个可以上战场的年纪了。多尔衮和多铎年纪还尚小，需要苦练。生在皇家的孩子，平时的玩乐也主要是以自己的功课为主。多加练习武艺与本领，才能保证日后在战场上不被敌人杀死。

三兄弟首先做了一下热身运动，他们在箭场的空地上跑了十圈，几圈下来，三人面不改色。接着，三人各自拉弓，阿济格挂箭向靶心射去。多尔衮则未挂箭，只是练习臂力，多铎看哥哥如此，也学习多尔衮的模样。平日里，这两位阿哥关系甚好，多铎总是跟在哥哥多尔衮的身后，活像个"小跟班"。

日头过得很快，转眼间西方已泛红，一轮落日缓缓地落下。三位阿哥也各自收拾完毕，向阿巴亥居住的寝宫走去。这时，阿巴亥正和老汗王努尔哈赤用晚膳。

"额娘，我们回来了。"三个人一边走一边说道。片刻，从阿巴亥寝宫走出一位宫女说道："三位小阿哥请轻声一些，侧福晋正与汗王用膳。"少许，三人来至屋中向阿玛请安："儿臣参见父汗和额娘。""好了、好了，都起来吧。""你们兄弟这是去哪里了？"老汗王问道。这时，阿济格回答道："禀告父汗，吾等去了箭场练箭。""哦？！这么用功哇。真是好孩子！"努尔哈赤点头说道。接着又说："好啦，一起坐下来吃饭吧。"于是，宫女为三位阿哥端了器皿放在桌上，三人依次落座，津津有味地吃着可口的饭菜。晚饭餐毕后，稍事休息，老汗王与阿巴亥聊了一阵后，努尔哈赤说道："你们兄弟三人最近课业如何，武功有没有长进呢？这样吧，我们到院子空地里比画比画。""父汗，儿臣岂敢。"多尔衮说道。"什么敢不敢的，父汗命令你们。这也是想看看你们的功夫怎么样，要不然怎么敢让你们去战场呢。"老汗王解释着说道。多尔衮听了去战场，马上来了精神，说道："真的，儿臣希望早日上战场立功。"努尔哈赤看儿子这么回答，心里十分高兴，便说道："你们三兄弟一齐上，看看能不能把父汗撂倒。"三人齐声回答道："儿臣遵命。"这里，阿巴亥叮嘱道："别伤了你们阿玛。"三人回道："是，额娘。"

老汗王回过头对阿巴亥笑了笑说道："放心吧，我还行。"

于是，十二阿哥阿济格、十四阿哥多尔衮、十五阿哥多铎三人一字排开。身材略高的阿济格居中，多尔衮和多铎分列左右。阿济格喊道："上。"三人分别从中、左、右三面向老汗王发起了进攻。老汗王一看，赶忙招架。俗话说："姜还是老的辣。"对于久经沙场的老将，出生入死的天命汗努尔哈赤来说，三个孩子怎么可能是自己的对手呢。其实，努尔哈赤一方面是要看看儿子们的武功，另一方面则是看看他们兄弟三人是不是同心协力。果然，多尔衮兄弟三人用的就是配合，齐心协力，有些拳脚还真是够努尔哈赤招架的，不觉得努尔哈赤有些冒汗，心里却是暗自高兴，觉得三个儿子都不错，很用功。

"阿玛小心，我们要用绝招啦。"阿济格道。在一旁观看的阿巴亥听闻还真是为老汗王捏了一把汗。她神情紧张地望着孩子们的表现。

顿时间，十二阿哥阿济格瞬间停止不动，而是在原地扎起了马步，阿巴亥看着还未来得及想儿子们要做什么，却见多尔衮一步登上阿济格的腿，迅速纵身一跃，向努尔哈赤的面部发起了重拳出击，正在这时，十五阿哥多铎也如法炮制，飞身跃起，双腿直扫老汗王努尔哈赤下盘。阿济格也顺势跟进，直扑努尔哈赤面前。老汗王努尔哈赤见势不妙，立马向后退去，用手防住多尔衮重拳，脚下微微退后，但无奈阿济格后身跟进速度极快，只得再次躲闪，却被十五阿哥多铎一脚扫中小腿。"噔，噔……"老汗王向后倒退了两步。三兄弟见状立马住手。

多尔衮跑向前慌忙问道："阿玛，您伤到没有？"侧福晋阿巴亥也跑过去搀扶努尔哈赤。老汗王努尔哈赤笑笑对众人道："不碍事，不碍事。"他又看了看多铎，语重心长地说："多铎，过来。"这时的多铎正在一旁低着头，噘着小嘴，他心里知道自己"闯祸了"。十五阿哥多铎慢慢地凑到老汗王面前，"哈哈哈。"只见老汗王大笑，夸道："不错啊，你们三兄弟这功夫哪里学的？"阿济格听闻回道："禀阿玛，这是我们三人闲暇玩乐时发明的。""嗯，挺好，你们三人配合默契真让我高兴。父汗百年之后，你们兄弟一定要齐心，扶保我后金基业。"

阿巴亥见老汗王这么说，忙说道："大汗，您还不老，有的是精力呢，他们都不懂事，不堪期望的。"说至此，努尔哈赤是年已然62岁了，是位老人了，幸亏他这三个孩子还未成年，力道还没有十分雄厚，不然，如果被打中一拳，可能后果不堪设想。

这一次，父子三人的互动中，天命汗努尔哈赤看中了多尔衮，他期望多尔衮能快快长大，成为一名满洲"巴图鲁"。

努尔哈赤时期的天命铜钱

第三节　代善袭代传暧昧　汗王怒责大福晋

　　万历四十一年（1613年）嫡长子褚英被定为后金汗国的储君，褚英也没有令老汗王失望，屡次为后金开国立下战功。然而，至天命六年（1621年），为后金开国、功勋卓著的五位大臣纷纷向老汗王努尔哈赤告发大阿哥褚英心术不善，诅咒兄弟及大臣。老汗王努尔哈赤得知后十分生气，下令幽禁

褚英墓

了褚英，并废去了他汗位继承人的身份。正当大阿哥褚英失势的同时，好运气轮到了二阿哥代善。除去褚英，代善算是在努尔哈赤儿子中最长者，于是，代善被尊为后金汗国汗位继承人。

生在皇家，对于权力的争夺也是很复杂的。由于后金汗国是由满洲人建立起来的，他们并不完全认同汉人的立嫡长子制度，因此，觊觎汗位的儿子并不在少数，上演了一幕幕"兄弟阋墙"的悲剧。代善被定为汗位继承人后，一场突如其来的大祸降临到他的头上。

后金天命五年（1620年）三月，努尔哈赤得到报告："大福晋（继母富察·衮代）曾两次备饭给大贝勒代善，大贝勒受而食之。大福晋一日二三次遣人至大贝勒家，如此往来，量有同谋。大福晋自身深夜出院，亦已二三次矣。"言下之意，是指控代善与继母富察·衮代有暧昧关系。

笔者这里对衮代其人做一番简要介绍。富察·衮代是建州右卫名酋莽色督珠乎的小女儿。初嫁给了努尔哈赤之三祖索长阿之孙威准，并生育有一子，名叫昂阿拉。其夫威准先亡，衮代以嫂子的身份改嫁努尔哈赤。这种兄死弟娶其嫂的风俗在满洲贵族内部十分常见，也称"收继婚"风俗（即儿子可娶庶母，侄子可娶婶娘，叔父可娶侄媳，弟弟可娶嫂子，兄长可娶弟媳）。这样的风俗对丧夫的女子是有好处的，他们可以另建新的家庭得以生存。衮代嫁给老汗王时正值努尔哈赤原配福晋佟佳氏刚刚亡故，因此她被称为继妃。身为继妃在与努尔哈赤共度的日子里，深得老汗王宠爱，后金的财政及后宫事务均由衮代处理。

"什么，你看到的果真是大福晋吗？"努尔哈赤问道。

"回阿玛的话，儿臣不敢欺瞒阿玛，儿臣看到的的确是二哥和大福晋。"五阿哥莽古尔泰回道。

"好吧，这件事我已经知道了，你先下去吧。"努尔哈赤吩咐道。

"是，儿臣告退。"莽古尔泰说完后离开了。

"哼，简直是岂有此理。"努尔哈赤气愤地说。

"来人，传本汗王的旨意，即刻传所有阿哥及大臣到汗王帐议事。"

"奴才遵旨。"张公公跪答道。

张德全立即喊道："传各位阿哥、大臣们汗王帐议事。"

努尔哈赤随即提起笔来开始写诏书，他决心废掉代善的储君地位，因为他再也不能忍受这种乱伦的事情。

"小张子，起驾议事宫。"努尔哈赤吩咐道。

小张子忙答道："喳。"

努尔哈赤慢慢地走进了汗王帐，文武官员及阿哥们早已到了，都在此恭候圣驾。见天命汗来了，跪拜道："大汗万岁万岁万万岁！"

"众卿平身！"努尔哈赤汗说道。

"今天朕召集你们过来是要宣布一件大事，小张子，宣旨。"

张公公首先喊道："二阿哥代善听旨。"代善听到喊自己的名字，赶忙跪在地上说道："儿臣代善接旨。""奉天承运，大汗诏曰：二阿哥代善与大福晋关系暧昧，欺君蔑父，使大金蒙羞，今日起废除代善后金汗位继承人的称号。钦此！"小张子读道。

代善听了后，低着头在一旁不语。"什么！"王公大臣们互相看了看，不知天命汗为什么要下此旨意。

皇太极首先问道："阿玛，今日您为何做此决定？是哪个爱嚼舌头的胡说八道，二哥和大福晋怎么可能……"

"皇太极，你不要说了，你二哥自己做的事情他自己知道，身为储君和兄长，他就是这么起表率作用的吗？大金汗位的继承人如果这样，恐怕以后连关外之地都要尽失了。"努尔哈赤生气地说。

努尔哈赤走到代善面前道："好孩子，你真是对得起你的汗父，居然做出这种事情。"

"阿玛，儿臣知错了，但儿臣绝对不是像阿玛所说的那样，儿臣与大福晋真的没有什么。"代善跪在努尔哈赤的面前道。

"够了，不要说了，你真是让汗父失望啊！"努尔哈赤伤心地说道。

众人一看努尔哈赤汗坚持已见，也都不敢说什么了，况且这是大汗的家事。

"你给我好好反省反省吧！哼！"努尔哈赤气冲冲地走了。

"臣等恭送大汗！"众人叩首道。

随即，天命汗努尔哈赤气冲冲地来到衮代居住的寝宫。

"大汗驾到。"张公公喊道。

衮代急忙起身迎了出来，打了个万福道："臣妾恭迎大汗，大汗吉祥。"

"大汗吉祥？还吉祥什么？"努尔哈赤生气地说。

"大汗，您今天是怎么了？"衮代疑惑地问，"莫非是臣妾做错了什么？"

努尔哈赤很生气地对衮代说道："我以金银、珠宝装饰你的身体，使你不胜其用，以及所能见的绸缎供你穿用，加以恩养。而你不爱为汗的丈夫，背着我的眼睛，将我放置一旁，越过我而去看视别人，如此罪行你该当何罪？这种行径不杀你怎么可以？"

衮代听了后十分委屈，眼泪一滴滴落下，一边解释道："大汗，臣妾确实没有如此对不起大汗。是另有隐情。请大汗息怒。"此时的努尔哈赤正在气头上，听了大福晋的解释更加生气，他甚至永远不想再看到她。尽管衮代不停地倾诉与解释，老汗王努尔哈赤却是一点也听不进去，转身离去。富察·衮代望着天命汗努尔哈赤离去的背影，伤心欲绝。

……

事情发生后，老汗王努尔哈赤也曾派人进行调查，虽然没能找出确凿的证据，但是老汗王心中对大福晋所做之事深信不疑。晚上，努尔哈赤和自己的儿子们商议如何处置大福晋。此时却没有代善。

努尔哈赤对众人说道："此福晋（大福晋衮代）存心奸诈、险恶，是一心狠虚伪的贼徒，凡是人们所有的凶恶心肠，她全都具备。尔等认为该如何处置此人？"

首先发言的是八阿哥皇太极，皇太极向老汗王努尔哈赤跪着说道："父汗，希望您能宽恕大福晋。大福晋为后金汗国也曾操了不少心，同时，她又是五哥（莽古尔泰）和十弟（德格类）以及三公主莽古济的生母，尽心抚养子女，没有功劳也有苦劳。看在她为后金做了这么多事的分儿上，能从轻发落。"这时莽古尔泰和德格类就在当场，为了避嫌，二人低头不语。五阿哥莽古尔泰觉得当初自打的"如意算盘"只想针对储君代善，没想到反而牵连了生母，感觉有些愧疚。接着，阿敏和济尔哈朗也随声求情道："是啊，父汗，八阿哥所言极是。"与此同时，众位到场的阿哥无人不为大福晋求情。

见诸多阿哥们都为大福晋说话，天命汗努尔哈赤只好说道："今后无论大福晋给任何人东西，都不要收取；大福晋无论说的什么话，任何人都不要听闻。如此命令，如有任何人以后违背此令，听了大福晋的话，被我知道了，或是任何人接受了她给的财物时，违令者当即处斩。"

"臣等领旨。大汗万岁万岁万万岁！"众人齐呼道。

不久，努尔哈赤以大福晋富察氏"窃藏帛缎金银财物甚多"为理由，将富察·衮代逐离，而改立侧福晋乌拉纳喇·阿巴亥为大福晋。

第四节　瑗鸡堡汗王归天　牙帐中大妃生殉

后金天命十年（1625 年），努尔哈赤将都城由辽阳迁至盛京，表明后金要巩固辽沈一带的驻防。后金天命十一年（1626 年）正月十四日，天命汗努尔哈赤带领诸王公大臣率军攻打宁远城。

后金军队顺利地渡过了辽河。

"报！报老汗王，前方打探传米消息，宁远城仅有袁督师一人率万人把守，并无后援。"跑过来的八旗士兵汇报道。

"好！太好了！这正是我们一举突破山海关的好时机。""我看他袁崇焕有何本领，即刻吩咐下去，大军日夜兼程，奔赴宁远。"努尔哈赤吩咐道。

"是。"八旗士兵答道。

这时的宁远城中，有守将袁崇焕、总兵满桂、副将左辅、朱梅，参将祖大寿，守备何可纲，通判金启倧等。

这一日，袁崇焕召集众人，说道："声闻后金军队来势汹汹，直逼我宁远城。诸位将领可有良策乎？"祖大寿上前言道："督师，既然大兵来犯，横也是死，竖也是死，我们为今之计只有固守。""是呀，我们宁愿死守。"在场众人也附和着回答道。袁崇焕听了十分高兴，说道："好，既然诸位意下如此，我愿与众将士刺血为书，以示誓死守卫宁远。"众人高声道：

"好。"

于是，众将在议事厅刺血立誓，袁崇焕先说："我等将与宁远共存亡！"在场众人亦说了一遍："我等将与宁远共存亡！"接着，大家将手中的酒一饮而尽。一干人等立誓后，袁崇焕吩咐道："总兵官满桂。""在。"满桂道。"今令汝守备城之东门。"满桂应声道："是。"其余众将听令，"卑职在。"几人一齐回答道。"副总兵朱梅负责守备城之北门；副将左辅守备城之西门；参将祖大寿负责守备城之南门；大家各自互相为援。""得令。"说罢，这几人一同回答后便下去准备了。

袁崇焕面临劲敌，仅领一万余人死守宁远城。他下令明军在城墙上修建护城大炮。同时，一方面袁崇焕还鼓舞士气，重赏士兵。另一方面他言明军纪，严防奸细及宵小之徒乘机做乱。

就这样，八旗兵丁十余万人如滔滔江水，浩浩荡荡向宁远城逼近。所到之处，如大凌河、锦州、小凌河、松山、杏山、塔山、连山等城池均一一攻克。八旗军队拔营夺寨，如同下山的猛虎一般，势不可当。驻守在几处城池的明军都早已落荒而逃，很快，后金军队便兵临宁远城下，两军在宁远城对峙着。

女便帽坤秋

这一日，两军交战异常激烈。宁远城久攻不下，令老汗王努尔哈赤十分着急，他求胜心切，命八旗兵全力携梯攻城。后金军和明军的交战进入了白热化状态。

"轰！轰！……轰隆隆。"炮声震天，后金军死伤一片，但是前方有兵士倒下了，又有后一批冲上，冲上的又被轰倒了，后一批又接着上……死伤惨重。迫于形势，努尔哈赤被迫停止攻打宁远城，令大军撤至宁远城西南侧五里的龙宫寺，安营扎寨。

次日，老汗王努尔哈赤下令兵分两路和明军对决。一方面，他和一部分八旗兵士继续围攻宁远城；另一方面，他命武讷格率八旗士兵履冰渡海，攻占觉华岛，烧毁明军粮草。这样可断明军后路，将他们死死困在宁远城内，导致绝粮而亡。

"轰隆！轰隆！轰隆！……轰隆隆！"宁远城前炮声依然响彻天际，老汗王仍死冲城池。忽然，一枚炮弹击中了他的战马，他从马上摔下来，满脸是血。努尔哈赤只感觉自己眼花缭乱、晕乎乎的。众将发现老汗王被炮轰中，赶忙下马来救，用红布堵住努尔哈赤还在涌血的伤口，将他抬了下去。于是，后金军不得不撤退而逃。

且说宁远城中，袁崇焕日夜在城楼指挥，也已累得精疲力尽。忽然，士兵来报："报告督师，红夷大炮毙了贼寇一大头目，后金军遂撤退了。"袁崇焕听后说道："好的，知道了。"过了一会儿，袁崇焕又吩咐道："先令众将士休息去吧，这几日也累了。"……宁远城渐渐恢复了往日的平静。

宁远城之战使后金军受到重创，大败而归。老汗王努尔哈赤也因明军炮击而身受重伤。后金天命十一年（1626 年）正月，宁远一役使老汗王一病不起，七月二十三日，努尔哈赤因伤势恶化，命后金军队暂时撤往清河温泉，老汗王至此疗养，八月初七忽因病情严重，大军乘舟返回盛京，命大福晋（乌拉纳喇·阿巴亥）服侍。

"快，起驾瑷鸡堡。"皇太极对两黄旗士兵们命令道。

过了几日，后金军行至了瑷鸡堡，老汗王病情越来越严重，已经起不了床了。后金诸将士都沉浸在一片悲痛之中。这一日，老汗王努尔哈赤躺在榻上，四大贝勒 [明万历四十四年（1616 年），老汗王努尔哈赤建立后金汗国后，建元天命。封代善、阿敏（舒尔哈齐次子）、莽古尔泰（努尔哈赤第五子）、皇太极（努尔哈赤第八子）为和硕贝勒，人称四大贝勒。] 侍立左右。老汗王努尔哈赤也知道自己将不久于人世，遂叫过皇太极说道："汝等待吾归天后，要守好后金基业，要为父报宁远之仇。"八阿哥皇太极眼里噙着泪连连点头说："父汗放心，儿臣记下了。"接着，老汗王低声又说道："望汝等善待幼弟。" 四大贝勒连连点头，齐声道："父汗，儿臣一定善待幼弟。"努尔哈赤如释重负地点点头，笑着，笑着……说罢不久，老汗王便崩逝了，牙帐中的众人悲痛万分，牙帐外哭声一片。

后金天命十一年（1626 年），即明天启六年，老汗王努尔哈赤未能如愿地率军返回盛京城，而是在距盛京四十里的瑷鸡堡与世长辞。与此同时，

福陵

大妃乌拉纳喇·阿巴亥被逼生殉。

　　老汗王努尔哈赤刚刚驾崩的第二天，大帐中正上演着一出活人生殉的悲剧。四大贝勒来至阿巴亥的牙帐中。

　　"额娘，父汗遗命，请额娘殉葬。"八阿哥皇太极拿着汗王生前的谕旨向大妃阿巴亥宣读道。阿巴亥听闻后，瘫坐在地上。这时，贝勒皇太极拿出随身携带的弓，以示让大妃挂弓弦自尽。阿巴亥知道自己死期已至，向众贝勒央求道："我的几个孩子年龄尚小，可不可以让我将他们养大……"贝勒阿敏见大妃如此磨蹭，厉声道："额娘，您就放心去吧。"诸王也都回答道："至于两位幼弟，我等不恩养便是忘父，定会照顾的。""是啊，额娘，父汗遗命，请额娘速速上路。"皇太极催促道。阿巴亥无奈，在她临死前也未能再见三个儿子最后一面，遂挂弓弦自尽而亡。

　　老汗王努尔哈赤崩逝后被安葬在了盛京（今沈阳）福陵，大妃阿巴亥亦祔葬于此。

福陵十八磴

福陵砖雕——龙与虎图案

福陵丹陛石

第二章　白山黑水建帝业

第一节　四大贝勒齐理政　后金元气渐恢复

后金天命六年（1621 年）二月，根据天命汗努尔哈赤遗命，代善、阿敏、莽古尔泰、皇太极四位贝勒分月值理政事。与此同时，四大贝勒共同对天盟誓道："吾等愿同心同德，守护后金基业。"

在四大贝勒共同理政的同时，后金军队兵强马壮，元气大大恢复。目前后金军面临的问题是，国不可一日无主，由四个贝勒轮值确实欠妥，凡事不能统一决策，总是要有所顾虑，执行起事务来畏首畏尾，应该由一位德才兼备的皇子来做新的大汗。

此时，在盛京崇政殿内，诸王贝勒根据努尔哈赤在天命七年制定的共治国政的汗谕，共同商议由谁做新的汗王。论才干抱负，有条件竞选汗位的继承人有三位，第一位就是大贝勒代善，第二位是四贝勒皇太极，第三位是十二阿哥阿济格。代善是努尔哈赤次子，又是第一个大福晋佟佳氏的儿子，处于家族中长子的地位（褚英死后代善年纪最长）。随父汗统兵以来，功勋卓著，威望最高，又辅助父汗处理国政，为四大贝勒之首；他拥有整红、

盛京故宫

镶红两旗；代善之子岳托、硕托、萨哈璘早年随父领兵，冲锋陷阵，都是能征善战的虎将，在各大小战役中，屡次取得胜利。后金天命五年（1620年），代善的侄子杜度（褚英次子）拥有镶白旗，是八旗旗主之一。他们五人都是"十大固山执政贝勒"之一，又是至亲。在人数上，代善有足够的优势，最有希望得到汗位。

皇太极是努尔哈赤第八子，母亲是叶赫那拉·孟古格格（叶赫那拉·孟古格格是海西女真叶赫部贝勒杨吉砮的女儿，后尊为孝慈高皇后）。他善于权术，长于谋略，机智过人，深得老汗王努尔哈赤的喜爱。拥有整白旗，军功累累，足以服众。

阿济格是努尔哈赤第十二子，母亲是乌拉纳喇·阿巴亥。后金天命五年（1620年）阿巴亥被尊为大妃，最得老汗王努尔哈赤宠爱。后金天命六年（1621年）正月，16岁的阿济格被列为后金八大贝勒，为整白旗额真。阿济格骁勇善战，屡次立功。他的同母弟多尔衮和多铎拥有镶白旗。这样

一来，阿济格与同母兄弟共拥有两旗。但阿济格希望并不大，此时，他才22岁，年纪较小，无力和久经沙场、饱经风霜的兄长们抗衡。

另外，势力较大的还有二贝勒阿敏和三贝勒莽古尔泰，阿敏是努尔哈赤胞弟舒尔哈齐的次子，努尔哈赤的侄子，因其屡立战功，被封为镶蓝旗旗主。三贝勒莽古尔泰是努尔哈赤第五子，生母是老汗王努尔哈赤第二个大妃富察·衮代，被封为整蓝旗旗主。两人也都是"十大执政贝勒"之一，在他们心中也有争夺汗位的欲望。

大贝勒代善作为兄长，首先说道："四贝勒智勇胜于我，须代立。"随后他向各位贝勒及大臣陈述了立皇太极的理由，几位贝勒看兄长代善哥哥支持皇太极，主动让贤，几位小弟还能有什么理由争得过代善哥哥，也都赞同立皇太极。

二贝勒阿敏和三贝勒莽古尔泰随即表态道，"代善哥哥既然拥立八阿哥，吾等也愿如此。"随后，在场诸王也点头表示同意。这一次，代善顾全大局，主动让贤，拥立皇太极继位，避免了兄弟阋墙惨剧的发生，巩固了后金政局，稳定了形势，做出了重大贡献。

第二节　皇太极面南背北　多尔衮随驾出征

后金天命十一年（1626）九月初一日，八阿哥皇太极在崇政殿继位为后金汗国新大汗，改年号天聪，定次年为天聪元年。

皇太极对天立誓道："谨告于皇天后土，今我诸兄弟子侄，以国家为重，推我为君。敬绍皇考之业，钦承皇考之心。我若不敬兄长，不爱子弟，不行正道，明知非义事而故为之；兄弟子侄微有过愆，遂削夺皇考所予户口，或贬或诛，天地鉴谴，夺其寿算。"而后，代善首先带头跪下，贝勒们也纷纷跪下立誓。诸王贝勒立誓道："吾等愿誓死忠于新汗王。""汗王万岁万岁万万岁。"在众人的拥护下皇太极正式成为了后金汗国的第二代国主，即天聪汗。

又过了数月，后金天聪元年（1627年）正月初一，在后金汗国崇政大殿里举行新年朝贺仪式，皇太极、代善、阿敏、莽古尔泰四人并肩坐在殿上共同接受众

大清太宗文皇帝皇太极

将和文武官员的朝拜。至此，后金汗国形成了以天聪汗皇太极、大贝勒代善、二贝勒阿敏、三贝勒莽古尔泰为主，其他贝勒为辅的新的治国体系。

后金天聪元年（1627年）五月，为报老汗王努尔哈赤宁远兵败之仇，皇太极下令率军伐明，他下令代善随征，围攻锦州。大贝勒代善率军获得大胜，大败明朝军队于宁远。

后金天聪二年（1628年）二月，天聪汗皇太极以蒙古察哈尔多罗特部屡杀后金使臣为由，亲率大军前往攻击。此次，多尔衮随驾出征，这也是多尔衮有生以来打的第一仗。

这一日，多尔衮披挂整齐甲胄，跃马提刀，率领八旗兵征战蒙古察哈尔多罗特部。明军但见一员小将，威风凛凛地端坐于马鞍之上，此时，多尔衮发令道："众将听令，冲！"霎时间，后金军队与明军厮杀成了一团，喊杀声震天。多尔衮则在千军万马中英勇无比，连斩数十人，他的战袍上被敌将的鲜血溅红了，仍奋勇追杀明军，至敖穆伦一带（今大凌河上游）。这次战役，后金军大胜而归。

天聪汗皇太极十分高兴，亲自为多尔衮设宴庆功。在庆功宴上，天聪汗皇太极赞扬道："十四弟随征远国，克著勤劳，宜赐美号，以示褒嘉之。""今赐汝号'墨尔根戴青'，封固山贝勒。"（墨尔根，满语神箭手，

汗宫大衙门全景

聪明之意；戴青，意为统帅），意思是"聪明的统帅"。多尔衮听后急忙跪下谢恩："臣弟谢过大汗。"皇太极一把扶起了多尔衮，微微点头赞许着。在战场上墨尔根王英勇无敌，首战多尔衮便告捷立下了战功，这一年，多尔衮年仅17岁。

大政殿

后金天聪三年（1629年）十月，天聪汗皇太极率后金军伐明，代善等诸贝勒随行。这一日，在议事牙帐中，天聪汗皇太极正与众贝勒们商议进攻策略，问道："依今之势，我军伐明，征察哈尔部何者为先？"大贝勒代善说道："察哈尔一地离我军尚远，早日伐明为宜。""大贝勒所言甚是，宜伐明。" 济尔哈朗等众贝勒们亦答道。天聪汗皇太极点了点头，说道："然也，吾亦认为伐明为上。"

于是，后金军队继续向宁远城挺进。这一日，后金军来到了喀喇沁的青城。大贝勒代善一直有所顾虑，他思虑良久，认为此次伐明进攻危险性很大，在大军休息的晌午，独自来至天聪汗皇太极的牙帐内。

皇太极见代善进至牙帐，问道："二哥此番来可有事？""八弟，哥哥正是为伐明一事来找你商量。"代善又说道："吾军深入敌境，劳师袭远，若不获入明边，则粮匮马疲，何以为归计？纵得入边，而明军会各路兵环攻，则寡不敌众。且吾等既入边口，倘明兵自后堵截，恐无归路。" 皇太极见代善有所顾虑，说道："二哥莫要担心，我自有办法。此战亦是为父汗报仇，吾等怎能不尽心？"此话一出，代善知道皇太极不采纳自己的意见，遂施礼后告退。济尔哈朗、八旗贝勒等都主张大举攻明，皇太极没有听取代善的意见。按照少数服从多数的意见，代善只得继续统领整红旗、镶红旗的人马向明朝军队进发。

天聪四年（1630年），皇太极以二大贝勒阿敏在八九倍于己的二十万明军猛攻下，放弃关内遵化、永平、迁安、滦州四个孤城，而兴大狱，给其定上轻君、谋位、败退等十六大罪，将这位最危险的汗位威胁者幽禁终生，尽夺其所属人口、奴仆、财物和牲畜，给予一向忠顺于己的济尔哈朗，使其继为镶蓝旗旗主。

天聪五年（1631年）八月，攻大凌河城时，三大贝勒莽古尔泰以本旗兵士死伤多、差役多，和皇太极论理争辩，盛怒之下，"揽所佩刀向前，以手频摩其柄"，被议定御前露刃罪，革去大贝勒，降居诸贝勒之列，夺五牛录，罚银万两。至此，四大贝勒同坐只剩下代善一个人。见此现状，代善为了表示忠于天聪汗皇太极，上奏曰："吾奉上居大位，又与上并列而坐，甚非此心所安。自今以后，上南面居中坐，吾坐于侧。"他的主动请辞，得到了皇太极的应允，也取得了皇太极对他的信任。

而后，代善对天立誓道："善誓告天地，自今以后，若不恪守忠贞，殚心竭力，而言与行违，又或如莽古尔泰、德格类谋逆作乱者，天地谴之，俾善不得令终。若国中子弟，或如莽古尔泰、德格类谋为不轨，善闻知，瞒皇上者，亦俾善不得令终。凡与皇上谋议机密重事，出告于妻妾旁人者，天地谴之，亦俾善不得令终。"

天聪六年（1632 年）正月，天聪汗皇太极正式废除大汗与三位大贝勒并坐受朝的制度，改为只有大汗一人才可以南面独坐。

宽温仁圣 皇帝信牌

第三节　福晋美貌羡众人　国色天香不虚传

傍晚，十四阿哥多尔衮、十五阿哥多铎、十二阿哥阿济格一同来到了侧福晋的永福宫。因为今天皇太极要为多尔衮兄弟等人庆功，庆祝他们年少有为。

其实在皇太极的众多弟弟中，他最喜欢十四弟多尔衮。

"十四爷、十五爷、十二爷到。"小太监喊道。

多尔衮进去后见天聪汗皇太极和大福晋都在座位上等着他们。忙上前行礼道："多尔衮给大汗、大福晋请安。"这时，阿济格、多铎也跪下叩首。

"十四弟，自家人客气什么，现在又不是在大朝上，这些冠冕堂皇的话就免了吧，快起来。"皇太极说着把多尔衮扶了起来。

"桌椅早就摆好了，你们兄弟几个也快落座吧！"大福晋哲哲说道。

永福宫匾

永福宫陈设

"谢八嫂。"多尔衮很有礼貌地说道。

"哲哲,这也没有外人,叫玉儿过来吧。"皇太极道。

哲哲点点头,向站在身旁的春梅递了一个眼色。

"是,奴婢这就去请侧福晋。"春梅说道。

片刻后大玉儿从后寝室中出来,多尔衮的目光注视着大玉儿,他为玉儿的美貌呆住了,心中暗想,果然不愧"满蒙第一美女"的称号,简直是国色天香。

大玉儿也被多尔衮所吸引住了,她的心"咚咚"地直跳,她的直觉告诉她,眼前这个旗主或许就是她日后的依靠,想到这儿,玉儿的脸不禁泛起了红润。

"咳⋯⋯"皇太极不得不打断了他们一时的沉醉,脸上有点不自在。还是大福晋哲哲看破了丈夫的心情,忙说道:"噢!玉儿,先介绍一下,这是十四阿哥多尔衮、这是十五阿哥多铎、十二阿哥阿济格。"她边说边指向他们兄弟三人。然后又对多尔衮、多铎、阿济格说道:"这位就是大汗的侧福晋——玉儿。"

"玉儿见过三位叔叔。"大玉儿施礼道。

三兄弟赶忙还礼道:"臣等见过侧福晋。"

"行了，行了。你们兄弟又见外了不是，快坐下。"皇太极道，"玉儿，你也坐！"大玉儿随即也坐在了姑姑哲哲的身旁。

"来，十二弟、十四弟、十五弟，八哥敬你们一杯。"说着皇太极拿起了酒杯。三人也赶忙举起酒杯，"当"，互相碰过酒杯后一饮而尽。

"十四弟啊，今个你们兄弟可要喝得尽兴啊，这些日子你们辛苦了！"大福晋哲哲说着给多尔衮满上了酒。

多尔衮惊恐地说道："八嫂，这个怎么敢当。""十四弟，今日我们都不要拘礼了，你八哥刚才不是也说了吗？"

"好，多尔衮谢过八嫂。"说话间一饮而尽。

"来，玉儿，十四弟可是海量，你可要好好关照他。"哲哲对玉儿说道，把酒壶递到了大玉儿手中。

"是，姑姑。"玉儿回道。

"十二弟、十四弟、十五弟，你们也来尝尝这个点心，这可是你八嫂亲自为你们做的。"皇太极道。

多尔衮、多铎、阿济格一人夹了一块，细细地品尝着。

"八嫂，这个点心真好吃！"多铎说道。

"哦？十五弟，你要是喜欢吃以后可以多到这边来，有时间让八嫂给你做。"皇太极道。

"谢八哥。"多铎得意地说道。

"多铎，不许无礼。大福晋事务繁忙，哪有工夫天天给你做点心？"阿济格道。

多铎看了一眼阿济格，有点儿不好意思，低下了头。

"哟！瞧你们哥儿仨，今天是怎么了？再这么见外八嫂可真不欢迎你们了。"哲哲道。

"八嫂教训的是，那今天小弟们可就不客气了。"三个人一齐说道。

当晚，阿济格、多尔衮、多铎与天聪汗皇太极长谈至深夜才散……

第四节　玉儿才女展风采　睿王机智显才能

自从第一次见到了皇太极的侧福晋，十四阿哥多尔衮就对她产生了很好的印象。后金天聪三年（1629年）某日，多尔衮又有机会见到了侧福晋，二人比起了才学。

这天，多尔衮应天聪汗同意，来见大汗商议伐明对策，路上巧遇侧福晋。多尔衮见了忙说道："臣多尔衮见过侧福晋。"

"十四叔免礼，玉儿见过十四叔。"侧福晋也忙还礼说道。

"臣弟素闻侧福晋博学多才，前几日见过侧福晋后，想向侧福晋讨教，盖以侧福晋之才，可辅于国之治，敢问侧福晋，如今我大金伐明之举是当或是不当？若当者，侧福晋可有良方以御明？"多尔衮问道。

玉儿意识到十四阿哥故意在考她，沉默了片刻，她又想了想，婉言回绝地说道："十四叔谬赞了，玉儿并非有什么才学，比不了阿哥们，而且，玉儿不想干预国家之政而妄加品评。"

接着，她又引了前些日子正在看的唐朝演义小说上的话，说道："人亦有言，男子有德便是才，女子无才便是德，盖以男子之有德者，或兼有才，而女子之有才者，未必有德也。虽然如此说，有才女子，岂反不如愚妇人？周之邑姜序于十乱，唯其才也。才何必为女子累，特患恃才妄作，使人叹

为有才无德，为可惜耳。夫男子而才胜于德，犹不足称，乃若身为女子，秽德彰闻，虽夙具美才，创为韵事，传作佳话，总无足取。故有才之女，而能不自炫其才，是即德也；然女子之炫才，皆男子纵之之故，纵之使炫才，便如纵之使炫色矣。此在士庶之家且不可；况皇家嫔御，宜何如尊重，岂可轻炫其才，以至亵士林而渎国体乎？"

多尔衮仔细倾听着玉儿的话，感觉自己方才失礼之处，十分不好意思，

博尔济吉特·布木布泰

连忙说道："臣弟方才失礼，万望侧福晋勿怪。"接着，多尔衮又说："昔子厚曰，立天地之心，生民之命，而今大金中兴，平定流寇、定鼎中原，乃是臣弟之责也。"

"臣弟且不打扰侧福晋，先行告退。"说罢，多尔衮向玉儿深施一礼后离开了，向天聪汗皇太极的书房而行。

第三章 辅政治国众心齐

第一节 大汗信任多尔衮 接连封赏靠军功

后金天聪三年（1629年）十月，多尔衮又跟随天聪汗皇太极征讨明军。在这次战役中，天聪汗皇太极使用了"反间计"，率领军队绕道蒙古，避开走山海关，迫使袁崇焕"勤王救驾"。

这一日，在后金军的牙帐中，天聪汗皇太极正与多尔衮商议着破敌之策。这时，多尔衮正坐在牙帐中研究《孙子兵法》，见是大汗进来了，马上起身施礼道："给大汗请安。"天聪汗皇太极说道："十四弟不必拘礼。"接着，多尔衮给大汗看座，自己侍立一旁。于是，二人开始谈了起来。

且说明廷袁崇焕这边，他被崇祯皇帝任命为蓟辽督师兼兵部尚书。这一天，袁崇焕正在山海关巡视军情，忽然跑过来一个军卒，报信道："报！金兵已进攻京师。"

"啊？！什么……"袁崇焕听了后大吃一惊地说。他顿时脸上露出了焦急的神情，吩咐道："传我命令，日夜兼程，向京师救援。"于是，他点了九千骑兵后便出发了。

　　日夜兼程，过了几日，袁崇焕率领明军已至京师广渠门外，此地离紫禁城不远。但是，这里既无军中备用的粮食，也没有战马吃的草料，见此情景，袁崇焕上书朝廷。

　　这一日，崇祯皇帝早朝，大学士将袁崇焕奏折呈于皇上，崇祯皇帝朱由检接过奏折，展开后见上面书写道："吾皇万岁，臣闻金军来袭京师，情况危急之下，臣特率兵从宁远入援，以护京师安全，以确保我大明江山。今军队已至广渠门外，兵马长途奔波，疲惫不已，微臣请求入城休整，望吾皇恩准。臣，袁崇焕叩首谢恩！"

　　崇祯皇帝看了此奏折后，向群臣询问对策："众位爱卿，袁督师护驾勤王，率军已至广渠门外，请求入城整顿休息。朕该如何处置？"

　　话音刚过，只见一位朝臣说道："皇上，万万不可，袁崇焕擅离职守，本应治罪于他，今吾皇宽容，暂且不追究其过，已是隆恩。若同意其率军入城，倘若袁崇焕有二心，他率兵攻占宫城，与金军里应外合，那该如何是好？"

大政殿匾

随后，又有一位大学士出班而奏："是啊，皇上，臣早有耳闻袁崇焕曾有必反之心，若是他带兵攻城，吾朝将亡矣。他若果真率兵来护卫京师，那无须进城，驻扎城外才是护卫之相，入城不是造反是什么？"

"是呀，皇上，吾等同意大学士意见。""是啊，不要让他入城。"顿时间朝堂上众位大臣纷纷议论着说道。

崇祯皇帝朱由检听后，不觉得有一些害怕，过了一会儿，他说道："好吧，就按众位卿家的意思办。"说着，提笔写了起来。

崇祯皇帝朱由检是个生性多疑的人，原本他想应允袁崇焕奏折上的请求，可是，他见众位大臣大多数反对这一做法，只好作罢了。遂在奏折上批复道："爱卿辛苦了，尔来既然是护驾，故不必入城，在城外阵守以御敌军即可。钦此！"

崇祯皇帝朱由检写的奏折回批很快就传到了袁崇焕手中，袁大将军展开一看，得知皇帝不准他带兵入城，不觉得有一些凄凉。他喃喃自语道："莫非上天要亡我大明，大明亡矣……大明亡矣。"无奈之下，也只好就地驻扎。为了抵抗金兵入侵，于是，袁督师吩咐下去："就此安营扎寨。"

"是。"一名军卒应声答道。

过了几日，明军探马来报："报！报督师，金军连克遵化、三屯营，已离我军不过300余里了，正向这里逼进。"

袁崇焕听了后回答道："好，知道了，你先下去吧。"接着，袁崇焕又吩咐兵将说道："来人，传我命令，严加戒备，准备与金军决一死战。""末将遵命。"一位将军回答道。少许片刻，明经略袁崇焕令人在广渠门外，凭险设伏，以待后金军的到来。

话说这一日，天聪汗皇太极和多尔衮率军到达广渠门。明军和后金军两军对峙着，多尔衮在外叫阵道："速速叫袁崇焕出来受死。""速速叫袁崇焕出来受死……"八旗士兵也跟着喊道。

其实，袁崇焕在中军大帐中早已听到外面的躁动，他正披挂甲胄，准

备御敌。

"报！报督师，金军已至军前，在阵前叫阵。"跑进来一名明卒慌慌张张地说。

"传我命令，准备御敌。"袁崇焕命令着说道。"是。"明军众将齐答道。只见这边明廷将领各自披挂，跃上战马，来至阵前。

多尔衮见主帅已出来御敌，大声骂道："小儿袁崇焕，还不过来受死？"袁崇焕听了十分生气，对答道："哼！是谁受死还不知道呢，我看你这小子尽早滚回关外去，省的身首异处。哈哈哈……"

多尔衮听了袁崇焕的话气得火冒三丈，吩咐道："众将听令，给我冲！""得令。"八旗军回答着。话音刚落，只见后金军便与明军杀作一团，袁崇焕作战十分英勇，连斩数十八旗兵。后金军这边，多尔衮也毫不示弱，所经之处，如入无人之境。双方各有胜负。

随后，袁崇焕在广渠门摆阵，分兵左路、中路、右路向后金军发起猛攻。袁崇焕身先士卒，明军大受鼓舞，两军大战了近十余个小时，后金军伤亡大半，只得撤退，袁崇焕取得了此战的胜利，挽救了京师的安危。

后金天聪三年（1629年）十二月初一，皇太极不得不用反间计，离间崇祯皇帝朱由检与袁崇焕的关系。

袁崇焕取得了广渠门大捷的消息很快就传进了宫城，崇祯皇帝朱由检得知后，甚是高兴。但是，结果却恰恰出乎意料，打了胜仗的袁崇焕被崇祯皇帝朱由检下令处死。

……

这一天在直文馆，皇太极问："诸位可有良策以除掉袁崇焕？"此时，宁完我推荐道："鲍承先可当此任。"

第二天，皇太极拥兵不攻，且下令道："传我命令，告诫诸军勿轻举进攻。"

"喳！"在一旁的副将回答道。接着，皇太极又说道："召鲍承先及副将高鸿中觐见。"一名八旗兵卒得令后离开了。片刻之后，二人来至帐内，皇太极授予二人秘计道："……"

原来，皇太极授秘计于二人。二人依计行事，活捉了两名明廷的太监作为俘虏。这一天，他们故相耳语，说道："你知道吗，现在撤军是上上策。"

"何出此言呀？"另一人问道。

只见他忙解释说："之前一会儿，我看见皇上骑马去往明军那边，不大一会儿，也有两个人从明军中出来，求见皇上。皇上接见了他们，那两个人谈了很久才离开。"

"谈话的意思大致是：'与袁经略有密约，此事可立就矣。'"这句话故意说的声音很大。不过刚巧，他们的谈话正好被杨太监偷听到了。其实，杨太监恰不知这些都是事先安排好的……过了一天，后金军将两名俘虏太监放了回去。回去后，死里逃生的内监把此事告诉了崇祯皇帝，朱由检听后十分生气，遂传旨杀掉袁崇焕。

后金天聪四年（1630年）正月，皇太极班师回盛京，在途中遇到了明朝军队的袭击，多尔衮冲锋陷阵，率领八旗军队大破明军。三月，后金的八旗军队回到了沈阳。这一次多尔衮立了大功，使他的声望大振。

后金天聪七年（1633年）六月，太宗皇太极以"征讨察哈尔、朝鲜、明朝，三者用兵何者为先"命诸王大臣发表自己的看法。多尔衮主张以征明为先，说："今春宜整顿兵马，乘谷熟之时，入边围困燕京，残毁其屯堡诸物，为久驻之计，可坐而待其毙也。"皇太极采纳了多尔衮的意见，用残毁的方式打击明军，借此来削弱明廷的力量。然后再全面进攻，一决高下，实现入主中原的愿望。

后金天聪八年（1634年）五月，多尔衮随皇太极大举伐明，多尔衮驻营至达代塔。七月，多尔衮奉命调军，途中大败明朝军队，会兵于宣府。随后又同其胞兄武英郡王阿济格率领两黄旗攻克保安州，终会兵于应州城。八月，多尔衮统领军队进攻朔州城，接着又领兵大同，打败明军，俘获甚众。

后金天聪八年（1634 年）九月，林丹汗病死。次年二月皇太极命多尔衮等率领人马，前往收抚察哈尔部，找寻察哈尔部林丹汗长子额哲的下落。三月，林丹汗的儿子阿布奈率部众请降，多尔衮盛情设宴招待，从他们的话中得知长子额哲在托里图。四月，多尔衮率领军队来到托里图，按兵不动，令额哲的母亲苏泰劝其归顺。经过一番劝说，额哲也率部众归顺了后金，并献上了元朝 "传国玉玺"。多尔衮获得此传国玉玺后，将它献给了皇太极。多尔衮对皇太极一片忠心，令皇太极十分高兴。

大清门

得到玉玺后，皇太极于天聪九年（1635 年）十二月改汗称帝。公元 1636 年，即崇德元年，皇太极改国号为清，改元崇德。皇太极为了表彰多尔衮功绩，晋封多尔衮为 "和硕睿亲王"。

崇德七年（1642 年）一月，皇太极出兵攻打松山，将松山团团包围，想断明军粮草，以待明军毙亡。经过半年多的围城，城中粮食几近耗尽，明军处于煎熬中。这时，松山城的副将夏承德愿意请降，并用其子做人质以约降。

三月，皇太极的军队应邀发起了傍晚突袭，很快，松山城被攻破，洪承畴和邱民仰两位明廷大员被俘，总兵曹变蛟和王廷臣誓死不降，惨遭屠杀。

洪承畴被俘后，继而驻守锦州的祖大寿也投降清廷。皇太极爱惜洪承畴是位人才，想劝降其归顺大清，无奈洪承畴以绝食的方法，拒绝降清，令皇太极很是伤脑筋。随后，派吏部尚书范文程劝降，不久，范文程又想了一个办法，请皇太极允许庄妃劝降。

又是一天开始了，洪承畴依然被关在小屋中，惶惶度日。这时进来了一个青年美妇，袅袅婷婷地走近前来，顿觉一种异香扑入鼻中。洪承畴不由得抬头一望，但见这美妇真是绝色，髻云高拥，鬓凤低垂，面如出水芙蓉，腰似迎风杨柳，更有一双纤纤玉手，丰若有余，柔若无骨，手中捧着一把玉壶，映着柔荑，格外洁白。仿佛仙女下凡一般。

"先生！"大玉儿轻轻地叫道。

洪承畴本不与人说话，但见此女如此漂亮，他不得不理，忙应声道："姑娘是？"

玉儿又说道："我是大清皇帝的妃子，特怜先生而来。先生今日死，于国无益，于家有害啊！"

"在下只求一死，别无他念！"洪承畴斩钉截铁地说道。

大玉儿走到洪承畴身前坐下，将端来的酒壶放到桌上，斟起一杯后递到洪承畴面前，"先生如果只想一死，那么请将此杯毒酒饮下，我成全先生的愿望。"

洪承畴望着大玉儿，对玉儿有点儿不舍，但他现在只想以身殉国，干脆地接过酒杯一饮而尽。

"姑娘，多谢你成全经略万世美名！"洪承畴给玉儿施了一礼说道。

"经略兄，俗话说：学会文武艺，货卖帝王家。先生满腹奇韬伟略，饱读圣贤之书，就宁愿一死，去报答你的父母，去告慰你的先祖吗？难道

先生就不想干出一番轰轰烈烈的事业，青史留名吗？"大玉儿问道。

洪承畴向天跪道："自古忠孝不能两全，母亲啊，请恕孩儿不孝，不能再侍奉您老人家了。"

"先生，我家皇帝知先生上有老母，下有妻妾子女，倘若先生降了我大清，我家皇帝说一定善待您的家眷，绝不敢怠慢。"大玉儿含着泪看着洪承畴，一副凄惨惋惜的样子。

洪承畴不由思家心动，心里酸楚起来，泪水在眼眶中打转，开始有些后悔了。

他转过身搂住大玉儿的双腿说道："姑娘，在下已将毒酒喝下，除死以外，尚有何法？"

玉儿扶起洪承畴说道："先生起来再说。"

玉儿将洪承畴扶到座椅上，语重心长地说道："不瞒先生，刚才给先生喝下的哪里是什么毒酒，不过是参汤而已。"

"参汤！"洪承畴疑惑地说道。

"是啊，先生。我家皇帝爱惜先生是位奇才，怎么舍得让先生死呢。先生尽管放心，睿亲王已经暗中派人去接您的家眷了，用不了数日，就可全家团圆了。"大玉儿道。

洪承畴激动不已道："多谢姑娘相告，我洪承畴愿归顺大清，为大清皇帝效忠，为睿亲王效忠！"

玉儿对洪承畴粲然一笑，便转身离开了。

第二节　太宗崩逝举国哀　立嗣之争互不让

崇德八年（1643年）八月初九，清太宗皇太极突然猝死于盛京清宁宫。由于他生前未立嗣子，因此在满洲贵族内部为了争夺皇位，发生了尖锐、复杂的斗争。

亲王朝服

"崇德皇帝龙驭上宾了！"近侍太监喊道。

这时，清宁宫里哭声一片。"呜……呜……呜呜……"、"皇上……"

清太宗皇太极驾崩后，章京敦达里、安达里请愿殉葬，被允诺同意。

诸王群臣这时都忙着处理皇帝的后事。只见和硕亲王、多罗郡王、多罗贝勒、固山贝子、镇国公、辅国公等、牛录章京以上等人衣带皆缟素。和硕亲王以下、牛录章京以上皆截发辫。和硕福晋以下、牛录

章京等官命妇以上亦截发。公主下嫁者、衣带缟素不截发。和硕福晋以下
奉国将军之妻以上，众人咸集在清宁宫前肃立。诣大行皇帝几筵，焚香跪
哭奠酒。

清宁宫匾

皇太极所葬之昭陵照壁

昭陵石牌坊细部

崇政殿匾

诸王公大臣迎太宗皇帝梓宫出奉安于崇政殿。诸王贝勒大小群臣朝夕哭临三日。每入哭时，均在梓宫前、焚香献馔众皆跪，奠酒、三叩头、三起立哭。哭临礼毕，诸王贝勒、贝子、公等及众福晋归第斋戒部院，诸臣斋宿本衙门闲散诸臣俱赴笃恭殿斋戒。整个盛京都沉浸在一片悲痛之中。

由于皇太极薨逝前，并未立嗣子，因此在满洲贵族内部为了争夺皇位，发生了尖锐、复杂的斗争。当时最有希望夺得皇位的是肃亲王豪格和睿亲王多尔衮。二人在实力对比上，豪格有整黄、镶黄、整蓝三旗的支持，多尔衮有整白、镶白两旗的支持。其余三旗中，整红、镶红两旗掌握在礼亲王代善父子的手中；镶蓝旗掌握在郑亲王济尔哈朗的手中。围绕努尔哈赤第十四子多尔衮与皇太极长子豪格间的帝位之争，双方的拥立者立即展开了活动。

崇德八年（1643年）八月初十，图尔格、索尼、图赖、巩阿岱、鳌拜、谭泰、塔瞻等支持豪格嗣位的两黄旗将领来到肃亲王府。

见到肃亲王后八人一齐跪倒道："臣等拥立肃亲王继承大统。"此时，肃亲王府的屋中只有他八人和豪格。接着索尼等人又共同盟誓道："我等愿生死一处。"

豪格看着这些心腹之臣，说道："各位快请起。"又对索尼说道："索大人，您可有什么良策吗？"于是，索尼等众人开始密谈嗣位之策……

豪格同意后也派人继续活动。

就在豪格为继承皇位积极策划的时候，多尔衮也在秘密准备夺取皇位。整白、镶白两旗将士都主张立睿亲王多尔衮。多尔衮的兄长阿济格和小弟多铎亦支持他继承大位。

"哥，你不肯继位是不是畏惧两黄旗的大臣？我舅阿布泰，及固山额真阿山曾有言，两黄旗大臣愿皇子即位者，不过数人耳，我等亲戚咸愿哥哥即大位。"多铎问道。

崇政殿内

阿济格道："十四弟，两黄旗大臣希望豪格那小子继位的，也不过数人而已，况且你有我们八旗亲贵和三旗将士的支持，难道还惧他豪格吗？"

"十四弟、哥……"两人跪在多尔衮面前恳求道。

第二日，多尔衮在三官庙单独召见索尼。

"臣索尼叩见睿亲王。"索尼道。"快快免礼。"

多尔衮开门见山地说道："索大人，眼下先皇驾崩，大行皇帝生前未立嗣子，这皇位应该由谁继承最合适？"

索尼坚决地说："先帝尚有皇子在，应当从各位皇子中选出一位继承

大统。"

听了这话后,多尔衮意识到这皇位的问题并不是那么简单,他说:"噢,是吗。那好,索大人,后天本王在朝会上共议此事,还望您发表自己的看法。"

索尼不敢看睿亲王的脸,只是低着头,他知道今天这个场合没有必要和睿亲王"撕破脸",忙说道:"如果没有别的事臣先告退了。"

多尔衮点了点头道:"你先下去吧。"

大行皇帝龙驭上宾的第五天,在停放太宗棺椁的崇政大殿,多尔衮、代善召集诸王大臣议立嗣君,崇政殿笼罩在一片紧张的气氛中。殿外的气

鳌拜

氛也十分紧张，两黄旗与两白旗精锐在殿外对峙着，摆出兵戎相见之势。大臣们都列队站在朝堂之中，只见从中走出一人说道，"今儿个应商议立皇子之事了。"众臣都向那人看去，原来是索尼。

"住口。"话音未落，睿亲王多尔衮厉声喝道："今天是要议立皇子之事，但是先由八位和硕贝勒共议国政，先前的一些旧制实属苛刻，请尔等先回吧。"

索尼等几位大臣十分无奈，只得暂退出了殿外。剩下的只有睿亲王多尔衮、豫亲王多铎、礼亲王代善、肃亲王豪格、郑亲王济尔哈朗、英郡王阿济格等亲贵。

礼亲王代善首先说："豪格乃先帝长子，当承大统。"郑亲王济尔哈朗道："礼亲王言之有礼，本王赞同。若立多尔衮，我不服。"

两位亲王都这么说了，形势有利之处又转到豪格一边。关键时刻，豪格却谦逊了起来，说道："我哪有这样的福气，怎么能担当这么重大的使命啊！"

豫亲王多铎王府影壁

多尔衮听到豪格的这句话，马上说道："是呀，豪格之言说得太好了。"接着又说道："代善哥哥，要不我们从先帝的阿哥中另立一位。"继而说道："豪格既然退出，无继统之意，当立帝之九子。而年岁幼冲，固山军兵吾与济尔哈朗分掌其半，左右辅政，年长之后，当即归政。"

多尔衮听到豪格的这句话，豫亲王多铎赶忙说："这倒也是一个办法，要不就立我哥。"豪格派和多尔衮派还在殿内争吵着，个个剑拔弩张的样子。

这时作为族长的礼亲王代善说道："安静！安静！刚才睿亲王说得不错，要不双方各让一步，我们从先帝诸皇子中另选一位。"

过了一会儿，多铎又提出了另外的意见，说道："若不立多尔衮，当立我，我的名字在太祖遗诏。若论长，当立礼亲王。"

礼亲王代善见状表示："睿亲王若允，我国之福，否则当立皇子。我老矣，能胜此耶？吾以帝兄，常时朝政老不预知，何可参于此议乎？"起身离开了崇政殿。

礼亲王代善离开后，众亲贵们你看看我，我看看你，个个也没了立场。"既然礼亲王开口主张另选一位皇子，也只好从长计议，先散了吧。"在场诸王及大臣纷纷喃喃自语道。边说边下朝往回走。

下朝后礼亲王代善随即来到永福宫。

"礼亲王到。"小太监禀报道。

这时候大玉儿和苏墨尔也赶紧迎到了正堂。"奴婢给礼亲王请安。"苏墨尔说道。"玉儿见过礼亲王。"大玉儿道。礼亲王赶忙给玉儿还礼道："微臣见过庄妃。"

"代善哥哥不必如此，快请坐。"玉儿道，"苏墨尔，上茶。"

说话间苏墨尔端来了一壶上好的西湖龙井，玉儿拿起壶，倒满后递到代善面前："代善哥哥，先喝杯茶吧。有事慢慢说。"

礼亲王喝了两口后说道："今天在朝上多尔衮和豪格都为皇位一事争得不可开交，我到这儿来是为立嗣之事。"

"立嗣?"玉儿疑惑地看着礼亲王。

"是啊。我想让九阿哥福临当此重任。"代善道。

"福临?万万不可!代善哥哥,福临现在还是个孩子,他能做什么?"玉儿问道。

礼亲王又说道:"娘娘此言差矣,眼下中宫皇后无子,豪格如果即位睿亲王那边肯定不肯善罢甘休,必定会使八旗分裂,自相残杀。所以目前只有福临最合适。还望娘娘为大清社稷着想,答应此事。"

玉儿面露难色说道:"代善哥哥,立嗣之事是何等重要,玉儿身为妇道,岂能是我答应不答应啊!"

"娘娘不必着急,只要您答应就成功一半了。"礼亲王道。

玉儿更加疑惑地看着礼亲王。

礼亲王又说:"如果娘娘您答应的话,请您到肃亲王和睿亲王那里劝说他们。您只要让他们共同拥戴福临即可。"

玉儿更加不解。

"先皇常称您为后宫第一谋士,您是个识大体的人,对豪格和多尔衮晓以利害,我想他们会听的。至于皇后那边,臣一会儿再去禀明。"代善又说。

玉儿看看代善又看了看站在一旁的苏墨尔,一时也不知如何是好。

苏墨尔看出了庄妃的心思,知道大玉儿一时很难抉择,便对礼亲王说道:"王爷,您还是让我家格格考虑考虑,再做答复吧。毕竟这事非同小可啊!"

礼亲王见此,跪在大玉儿面前恳求道:"娘娘,就请您为大清社稷着想,为太祖、太宗打下的这份江山着想,答应了吧!时间不等人呀,八旗就快打起来了,再不答应就来不及了。"

玉儿赶忙把代善扶了起来,说道:"代善哥哥,好吧!那就让我试试!"

这晚,庄妃来到肃亲王府,侍卫急忙禀报道:"禀肃亲王,庄妃说有事相商,已经到大门口了。"

"还愣着干吗？快去迎接啊！"豪格说道。

豪格赶忙来到门口，这时庄妃正从马车上下来。"豪格给额娘请安。"

"不必多礼，快起来。"玉儿面带微笑对豪格说。

到了正堂，豪格命侍从给玉儿倒了杯茶。说道："额娘，请用茶。今天到儿臣这儿来不会是有什么事吧？"玉儿喝了一口茶说："豪格，今儿个过来是要劝说你的，眼下先皇刚刚驾崩，国不可一日无君，目前最合适的人选只有你和睿亲王，但是如果是你们两个人中的一个人做皇帝，我想两黄旗与两白旗都会发生冲突，对时局不利呀！你作为先皇的长子，一定不能让八旗分裂的局面发生啊！所以，我想，你和多尔衮各退一步，支持福临为帝，这样对你也不会有什么不利，你毕竟是他的皇兄！"

豪格听了后犹豫地看着大玉儿说道："可……可是多尔衮能答应吗？"

玉儿又道："多尔衮是个识大体的人，我想为了大清，你十四叔一定会答应的。"

多尔衮摄政王府

"那……额娘，儿臣想商议过后再做决定。"豪格道。"好吧！我也不勉强你，你自己再斟酌斟酌。我先走了。"玉儿说道。起身与苏墨尔离开了肃亲王府。

"恭送额娘！"豪格道。

片刻后玉儿又来到了睿亲王府。

"玉儿，你怎么来了？"多尔衮问道。

"怎么？不希望我来吗！"大玉儿反问道。

"玉儿，你这是说哪儿的话，我高兴还来不及呢，怎能不欢迎啊！快请这边坐。"多尔衮道。

"来人，上茶。"多尔衮命令道。

片刻后，侍女为玉儿和多尔衮奉上了茶。

玉儿道："今天你们在朝堂中议的事代善哥哥都已经跟我说了。多尔

多尔衮摄政王府建筑上的雕龙图案

衮你可晓得，你如果再这样和豪格争下去，必然是两败俱伤，而且会危及大清朝的国运，所以你只有第三条路可走，就是立福临为帝。福临现在还是个孩子，如果继位，必定要选出一位辅政叔王，你是福临的皇叔，这样，可以由你多尔衮做这个摄政王，豪格他只是皇兄，有这么多皇叔、皇伯还轮不到他豪格做这个摄政王。”

多尔衮听了后思考着想：反正实权在手，也是和真正的皇帝一般。而且和大玉儿的来往更加名正言顺了。他转过身深情地看着大玉儿道：“玉儿，我听你的。”玉儿也看着多尔衮，心中荡漾着无限感激之情。

次日早朝，礼亲王看了看亲王、大臣们都已到齐后，首先说道：“今天我们从先皇的诸位皇子中另选一位阿哥即位。不知各位心中是否有了人选？”

“我支持九阿哥福临！”睿亲王多尔衮说道。“对，我也支持九阿哥！”豫亲王多铎也说道。“支持福临！”英郡王阿济格也随着两位弟弟说道。

这时，礼亲土走到豪格面前问道：“你怎么说？”

豪格看着代善，愣了一下，低声地说道：“大伯，我……我也支持福临。”

站在豪格身旁的郑亲王济尔哈朗不解地看了看豪格，不禁随口也说道：“臣也支持九阿哥即位。”

站在他们身后的大臣们见此情况，异口同声地说道：“臣等支持九阿哥即位。”

礼亲王见此，又说道：“好，既然大家都同意立福临为帝，那么我们就择吉日请新皇登基。”

第三节　大义灭亲礼亲王　承继大统皇九子

公元1644年，年仅6岁的九阿哥福临登基即位。

礼亲王代善走出来，站在朝堂中央，对众位亲贵、众位朝臣说道："君位不可久虚，伏观大行皇帝的第九子福临天纵徇齐，昌符协应，爰定议同心翊戴，嗣皇帝位。我等当共立誓书，昭告天地。"

于是诸王亲贵、文武大臣皆对天宣誓："吾等誓死效忠新皇！忠于皇上！"

"吾皇万岁万岁万万岁！"众臣跪拜道。

在文武百官的朝贺下，福临坐上了皇帝的宝座。在他宝座的两边坐着两宫皇太后。

三呼万岁过后，礼亲王代善又说道："如今新皇刚刚登基，

礼亲王——爱新觉罗·代善

尚在年幼，需要挑出一位辅政叔王来一同辅助治理朝政。经臣与母后皇太后和圣母皇太后商议过后，睿亲王多尔衮堪此重任。"

站在多尔衮身旁的豫亲王多铎听到后不由一笑，悄悄地对多尔衮说道："哥，听到没有，大清国还是离不开你。早晚皇位也是你的。"

多尔衮听到后跪在福临面前说道："臣一定忠心辅政，不负皇上、皇太后一番心意。"

豪格听到礼亲王和睿亲王的这番话后再也压不住心中的怒火，大声嚷道："大伯，凭什么让睿亲王一人辅政？不让我豪格辅政也就罢了，这么多皇叔、皇伯，就他多尔衮一人辅政怎么可以！"

礼亲王见豪格如此，已是十分生气，不过一想也不无道理，于是对豪格说："豪格！那么你想怎么样？"

"必须再请一位皇叔共同辅政。"豪格道。

"共同辅政？"代善反问道。

豪格不等礼亲王回答，也跪到皇上、皇太后面前道："启奏皇上、两宫皇太后，郑亲王是先帝的兄弟，又立有战功，臣奏请由郑亲王一同辅政。"

崇政殿内正大光明匾

支持豪格的一些老臣也跟着跪在后面齐声道："请皇上、皇太后恩准郑亲王一同辅政。"

见此情形，母后皇太后说道："既然皇上还小，国事繁重，哀家恐睿亲王过于劳累，准许郑亲王一同辅政。"

代善一看皇太后都表态了，自己也不必坚持了。宣布道："新皇登基，暂由睿亲王多尔衮和郑亲王济尔哈朗共辅朝政，待皇帝年满，行加冕之礼。"

"哼！"多铎狠狠地瞪了济尔哈朗和豪格一眼，心中生气不已。

"请两位辅政叔王上前来盟誓。"代善斩钉截铁地说道。

最后，多尔衮、济尔哈朗跪下发誓说："兹以皇上幼冲，众议以我等辅政，我等如不秉公辅理朝政，妄自尊大，漠视兄弟，不从众议，每事行私，以恩仇为轻重，天地谴之，令短折而死。"

立誓后，代善的次子硕托和孙子阿达礼对立6岁的福临表示不满，他

豫亲王多铎府第

们都认为辅政叔王多尔衮屡立战功，功勋卓著理当称帝。于是，他二人想推翻众议，拥立辅政叔王多尔衮。硕托先后派亲信吴丹到位于东华门外的多尔衮府第，劝说多尔衮自立。并告知多尔衮如果自立，内大臣和御前大臣都会支持。阿达礼也曾来到多尔衮府第多次劝谏，表示愿誓死追随多尔衮。多尔衮对此二人的劝谏虽未采纳，但也未劝阻。造成硕托和阿达礼更加大胆，居然去拉拢礼亲王代善。代善为人忠厚，他对儿子和孙子的举动十分生气。代善认为，既然已经立过誓言，就不应该违背。若有违背者，必将正法。多尔衮得知事情暴露后，只好下令将硕托和阿达礼斩首，以儆效尤。可见，多尔衮对皇位还是觊觎的。

宣誓后的第三天，硕托、阿达礼图谋推翻成议，拥立多尔衮为君。

这日固山贝子硕托、多罗郡王阿达礼来到和硕睿亲王府。

固山贝子硕托生气地说道："十四叔，这皇位本来就应该你坐，如今十四叔却要辅佐一个毛娃娃，这怎能叫人心服！"

"是啊！我也不服！"阿达礼也说道。

在一旁的英郡王阿济格过来劝道："二位所言极是。无奈这种结局也是天命所归啊，没办法。真是可惜了！"

多铎听他的哥哥这么说，在一旁看了看多尔衮，不由得一阵苦笑。

"你们都不要说了，昨日我和郑亲王已立下重誓，誓保幼主，我不后悔。"多尔衮道。

见多尔衮此话，硕托、阿达礼、阿济格、多铎四人互相看了看，也无话可言。

硕托回到王府后，把部下吴丹叫到身旁。

豫王府门前石狮

对吴丹说道："吴丹，我最信任你了，今晚给本王办件事。"

"贝子爷请说，属下一定竭尽所能给你办到。"吴丹回道。

"好，本贝子马上写一封书信，请你送到睿亲王府。"

"喳。"吴丹道。

于是，硕托提起笔写道："内大臣图尔格、御前侍卫等，皆从我谋矣，王可自立为君……"写好后密封好递到吴丹手中，吴丹接过后道："请贝子爷放心，吴丹一定办好。"

"好，事成后我会重重赏你。"

"谢贝子爷！"说罢吴丹转身出去了。

转眼间，吴丹来到了睿亲王府，睿亲王府的家丁打开门后，吴丹说明了来因，片刻后睿亲王多尔衮在中厅接见。

吴丹先道："给睿亲王请安。""不必多礼，免了。"多尔衮说道。

郑王府石狮

郑亲王济尔哈朗府第的丹陛石

"王爷，我这儿有一封书信，是我家贝子爷写给您的。"说话间把那封信交给了多尔衮。

多尔衮拆开信后看了一眼，皱起眉头叹了口气："唉！硕托这孩子也真是的。"又对吴丹说道："你回去告诉你家贝子爷，说事情我已知晓，日后再从长计议。"

"如果没有别的事你先退下吧。"多尔衮道。

吴丹听了后说道："喳，那属下先告退了。"

第二日，硕托来到郑亲王府。

茶罢搁盏后郑亲王济尔哈朗问道："侄儿今日到此有什么事就直说吧。"

硕托放下茶杯，悄悄地对济尔哈朗说道："五叔，众臣已议立我十四叔和硕睿亲王了。嘿嘿！"

郑亲王听后，大惊失色。对硕托劝道："侄儿，你不要胡说，睿亲王已同本王一同盟誓，难道他想违誓吗？"

硕托得意地说："这五叔就不知道了，盛情难却呀。当年宋太祖黄袍加身，当了皇帝，我不信我十四叔能冷了大家的一番心意。而且阿达礼也极力支持。我就不信我阿玛会检举他的儿孙。所以，侄儿来此就是希望五叔与我们共同支持睿亲王，到时候也免不了封赏。"

济尔哈朗把脸沉了下来，一副思考的模样，道："这……侄儿，五叔要先考虑一下，到时候也要先找你阿玛商议，你如果没别的事早些回府休息吧！"

"那就不打扰了，五叔，侄儿先告退了。"硕托道。

硕托走后，济尔哈朗更加不安。"来人，备车，去肃亲王府。"济尔哈朗道。

王府的家丁忙道："喳。"

到了肃亲王府家丁通报过后，只见肃亲王豪格急忙接出府门口，道："五叔，这么晚了到侄儿这儿来，快里边请。"

济尔哈朗下了车，随豪格来到了正堂。坐下后郑亲王环视了一下左右，豪格见状，命侍从悉数下去。

济尔哈朗小声地说："侄儿可知道多尔衮他要反了？"

豪格冷笑道："哼，才几日。早就知道他捺不住性子，反了才好。"

"不然！"济尔哈朗纠正道。

郑亲王把固山贝子硕托到自己府上说的事全部告诉豪格。"什么？！"豪格也不知所措地说道："五叔，我们该怎么办？"

济尔哈朗定了定神，对豪格说道："为今之计只有明日你和我一同去谏礼亲王，请求秉公处理。"

"礼亲王能对他的儿孙下手吗？五叔，您是不是糊涂了？"豪格反问道。

"侄儿此言非也。礼亲王身为族长，孰轻孰重他可是知道的。"济尔

哈朗道。

豪格听了后点点头道："好，明儿个我们一起去找大伯。"

次日，郑亲王济尔哈朗和肃亲王豪格一同来到礼亲王府。

礼亲王代善见郑亲王济尔哈朗和肃亲王豪格一同来见自己，知道定是有事，随着侍从迎接出来，一直把他二人让进屋中。

济尔哈朗和豪格一同拱手道："见过礼亲王。"礼亲王代善赶忙还礼道："自家人不必拘礼。"

落座后，侍女把茶端了上来，礼亲王代善亲手将茶递到济尔哈朗手中，济尔哈朗惶恐地接过茶说道："谢哥哥。"又递给豪格一杯，豪格道："侄儿谢过大伯。"

这时，济尔哈朗道："臣弟今日找哥哥是有要紧的事情相商，此事非同小可，可否借一步说话？"礼亲王代善顿时就明白了郑亲王的用意，于是把他二人让到里屋的书房，并让所有侍从全部下去。

到书房后，豪格首先说："大伯，新皇刚刚即位，暂由叔王辅政。不知大伯是否还记得当初两位辅政叔王在朝堂上的盟誓？"代善随即道："新皇即位不过三天，两位辅政叔王的盟誓我记忆犹新啊！"

"好，既然大伯记得，侄儿也就不必多说了。不过，大伯，这皇上刚刚即位，侄儿听说有人就图谋推翻成议，拥立多尔衮为君。"豪格道。

"有这等事？"代善疑惑地看着豪格问道。

豪格点了点头。郑亲王济尔哈朗见状也说道："哥哥，出此叛逆之人，理当明正典刑。"

礼亲王又道："当然。不过可知道是何人蛊惑人心？"

豪格把话接过来说："大伯，不是别人，正是固山贝子硕托和多罗郡王阿达礼。"

"什么！"代善听了后一踉跄，跌坐在椅子上。

"大伯，为了大清的江山社稷，您一定要秉公处理。"豪格道。济尔哈朗也说道："是啊，代善哥哥，硕托还曾劝本王与他同谋。臣弟请求同固山贝子对质。"

代善无奈，只得叫人去请固山贝子硕托。"来人，去请固山贝子硕托过府。""喳。"侍从下去了。

礼亲王府的侍从转眼间就来到了贝子府。"砰、砰、砰"的敲门声打破了街上的寂静。少许，一个家丁打开了大门，礼亲王府的侍从道："请问贝子爷是否在府？我是礼亲王府上的侍从。"

开门的家丁打量了一下这个人，问道："有什么事吗？""我有急事要见贝子爷。"

"那快里边请。"家丁道。

那名侍从跑进了贝子府，正巧固山贝子硕托在正堂与一名侍卫说话。"贝子爷，礼亲王说有急事见您。"侍从道。

"小李子，你怎么来了，是不是我阿玛出什么事了？"硕托问道。

"贝子爷，您就别问了，总之快去礼亲王府一趟吧。"侍从焦急地说道。

"好，备马！"说话间硕托骑上马儿出府直奔礼亲王府。

半个时辰的工夫，固山贝子硕托来到了他阿玛的府邸。

进去后，见阿玛、郑亲王、肃亲王都在。"儿臣见过阿玛。"硕托道。代善看了看他向他挥了挥手，示意起来。硕托又看了看坐在一旁的济尔哈朗和豪格，正要给他二人行礼，郑亲王抢先道："贝子爷不必客气，哪有反客为主的道理啊！"

代善瞪着硕托问："硕托！你可曾劝你五叔拥立睿亲王称帝啊？"硕托不解他阿玛的用意，不过心想就算是承认了也没关系，阿玛还能把自己明正典刑吗。当即回答道："不错，阿玛，孩儿是劝过五叔，睿亲王立有战功，理应当皇帝。"

"混账！"代善打了硕托一记耳光道。

顿时代善气得脸色铁青，"好你个不孝子，不孝子……"

"哥哥，先消消气！""请大伯秉公处理！"坐在一旁的济尔哈朗和豪格不由得站起来说道。

"好，好……硕托，我问你，这事除了你是不是还有阿达礼啊？"代善问。

"是又怎样，阿玛我们又没做错。"硕托瞪了一眼郑亲王和豪格，"哼！"

"这么说果真有此事了？"硕托不语。

代善气愤地说道："既立誓天，何出此言？"

这些话全被站在外面的吴丹窥听到了。他听到礼亲王说："既立誓天，何出此言？"知道大事不妙了。于是匆忙赶到睿亲王府。

吴丹把自己窥听到的事情向多尔衮如实说了一遍。"什么？"多尔衮一掌拍在了桌案上。

礼亲王说"既立誓天，何出此言"，显然是要大义灭亲了。吴丹斩钉截铁地说道。

多尔衮顺势坐在身后那把太师椅上，用手敲打着自己的额头，似乎在想着对策。

这时吴丹又说："王爷，依小的来看，您只有主动检举固山贝子硕托和多罗郡王阿达礼了，如果不如此，郑亲王和肃亲王反而会反咬一口，不但您摄政王的地位不保，还可能会牵连到礼亲王的身上。"

"可，我不能对不起哥哥啊。这可是他的儿孙呀！"多尔衮道。

"王爷，当断不断必留后患。礼亲王应该不会责怪您的。"吴丹劝道。

"那……好，只有这样了。豪格、济尔哈朗你们给我记住了，早晚我多尔衮要把这笔账双倍讨回来。"多尔衮紧握住拳头说道。

"王爷，小的还有一个不情之请。"说话间吴丹跪在睿亲王面前。"你还有什么要说的？"多尔衮问。"王爷，我家主人就要被明正典刑了，小的请求和主子一同受死。前日小的来送信，回去后主人把事情都告诉了小的，小的也属同谋，请王爷把小的一同治罪。"吴丹向多尔衮恳求着。

礼亲王代善府第——礼王府

"好，你真是条汉子。"多尔衮把吴丹扶了起来。又说："好吧，既然你舍生取义，本王也成全了你。放心，你死以后本王会厚葬于你。"

"谢王爷。"吴丹回道。"王爷，事不宜迟，现在您就押小的去礼亲王府吧。"多尔衮一想，为今权宜之计只有如此，多铎和阿济格也不在自己身边，只好先照吴丹说的办了。

多尔衮叫人备了车马，准备去礼亲王那儿。刚巧正有一队车马过来。马上下来三个人，分别是郑亲王济尔哈朗、肃亲王豪格、固山贝子硕托。从车上走出一人，正是礼亲王代善。

"代善哥哥，您怎么到小弟这儿来了。正巧小弟也有急事要找哥哥。"多尔衮边说边忙把代善往屋里让。

"十四叔，不是不欢迎我们吧？"豪格问道。

多尔衮又看看济尔哈朗和豪格，心中暗想，你俩来了能有什么好事。

但还是说道："侄儿、五哥也别都站在外面了，快进府一叙。"

落座后，多尔衮道："来人，给我押上来。"在家丁的拥簇下推上来一人，硕托一看正是吴丹。不过他没有作声，看了一眼多尔衮。

"代善哥哥、五哥，小弟正要押此人过府处治。此人屡次撺掇本王篡位。还有，代善哥哥，恕小弟不恭，这几日固山贝子硕托、多罗郡王阿达礼向本王进谋反之言。既然本王当着皇上和满朝文武的面立下重誓，要誓保吾皇，否则短折而死。如有人向我谏谋反之言，本王一并按律治罪，今硕托、阿达礼、吴丹等人理应处死。"

硕托听后也跪在多尔衮和他阿玛代善面前道："臣愿领其罪。"

"来人，给我把多罗郡王阿达礼押过来。"其实多尔衮在礼亲王到府时就派人去抓阿达礼，他知道这次的事情非同小可。

硕托、阿达礼、吴丹这三个人跪在众亲王面前，都承认了谏言的事。

礼亲王代善府第——礼王府鸱吻

济尔哈朗道：“十四弟，你我身为辅政叔王，定当为社稷尽忠，此三人应判斩立决。”“是啊，十四叔。”豪格得意地说道。

礼亲王此时一句话也不说，只是强忍眼泪看着自己的儿孙。

多尔衮也心有不忍，犹豫了一会儿道：“来人，将他三人押入死牢，各赐白绫一条，自行了断吧！”

“十四叔，硕托永远不后悔，十四叔理应做皇帝；阿玛，请您节哀。儿子不孝！儿子不孝……”“玛父，孙儿去了，您要保重，孙儿不孝……”声音渐渐远去了。代善再也忍不住，泪水不停地淌了下来。

不知是谁禀报了豫亲王多铎，多铎急走进了正堂，正好看见了硕托、阿达礼等人被押下去这一幕。忙嚷道：“哥，这是怎么一回事？”

进去后一看济尔哈朗、豪格都坐在屋内，礼亲王代善已经满面是泪，不言不语。他顿时醒悟到，一定是济尔哈朗和豪格又对哥说了什么，才酿成这悲剧的一幕。

......

第四节　多尔衮大举伐明　李闯王拥兵入京

公元1644年（顺治元年）一月。这一天多尔衮、多铎、阿济格在大帐中商议破敌之事。

"哥，依我之见，咱们这边可以派一个使臣与那边的农民军进行交涉。许诺如果能齐心协力打下中原，到时候平分疆土。"豫亲王多铎说道。

"嗯，多铎，你这个办法倒是不错。可是谁能当此重任啊！"多尔衮问道。

阿济格道："十四弟，十五弟说的是啊，这人选吧，非迟起龙莫属！"

"非迟起龙莫属？"多尔衮又问道。

"不错，此人聪明善辩，十四弟可写封议和书，派此人送到农民军军营。"阿济格道。

多铎听后也不住地点头道："是啊，哥，如果农民军肯与我军合作，咱们就兵合一处，将打一家。如果他农民军不识相，我愿为先锋，剿灭这帮乌合之众。"

"好，多铎，你真是哥的好弟弟。"多尔衮拍着多铎的肩膀夸赞道。

"来人，传迟起龙。"多尔衮命令道。

"喳。"站在一旁的侍卫道。

多尔衮又拿起了笔，在信上写道：致农民军统帅，吾乃征讨大军主帅，今久攻南明叛军，怎奈城固而粮多，久攻不下。愿与汝结秦晋之好，共敌南明叛军，协谋同力，并取中原。

刚写完，就听帐外侍卫报道："迟起龙求见。"

"叫他进来。"多尔衮道。

"臣迟起龙叩见睿亲王、叩见豫亲王、叩见英郡王。"迟起龙道。

"行了，起来吧。"多尔衮又道。

"谢睿亲王。"迟起龙回道。

"迟起龙，英王荐你能言善辩，今天本王叫你来是想让你给农民军统领送封信，主要目的就是让农民军与我军合作，攻下南明的城池，你可有把握？"多尔衮问道。

迟起龙给阿济格拱手道："多谢英王厚爱。"又对多尔衮说："回睿亲王的话，奴才有把握，奴才会竭尽全力劝说农民军。"

"好，迟起龙，这件事你若办成，本王重重赏你。"说着把那封写好的信递给了迟起龙。

迟起龙叩首道："臣一定不负睿亲王重望，臣告退。"

次日，迟起龙前往农民军的营地。"吁……"下马后他走进了农民军营地中的大帐。

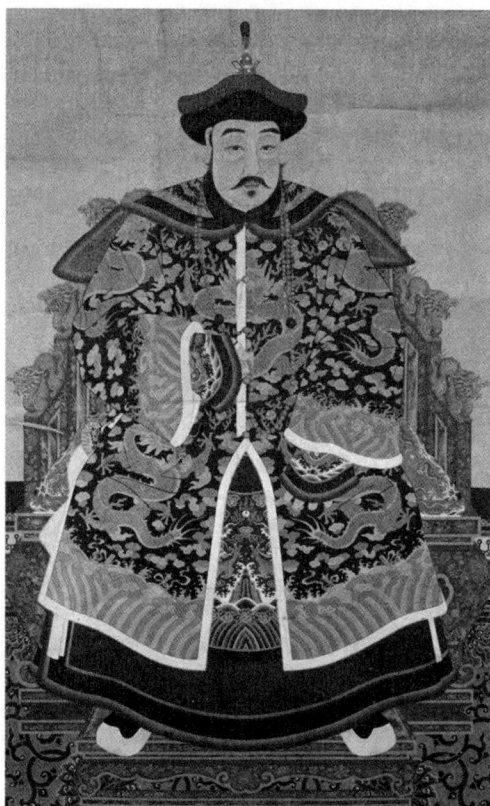

豫亲王——爱新觉罗·多铎

"禀张将军，大清使臣求见。"一名护卫报道。

"哦？有请。"张德仁将军道。

"是。"

迟起龙刚进大帐，张德仁便问道："你就是大清派来的使臣？"

"是，末将迟起龙参见张将军。"迟起龙拱手道。

"免了！远来即是客。来人，看座。"张德仁又道。话音刚落，侍从搬过来一张凳子到迟起龙面前。

"谢将军，那末将就不客气了。"迟起龙说罢坐下了。

"迟将军，今日来此所为何事啊？"张德仁问道。

迟起龙直截了当地说道："张将军，末将今日来此，所为非别，乃是为了共破'敌兵'之事。"

"共破'敌兵'？"张德仁有点儿不解地问道。

"对，将军，这儿有我家主帅给您写的一封书信，您看过便知。"迟起龙从怀里拿出那封信说道。

侍从从迟起龙手中接过书信递到了张德仁面前。张德仁接过信拆开看了看，说道："迟将军，这件事恐怕还要和众位将军共同商议，方能做决定，要不请迟将军在本帐这边多住些时日，再做答复。"

"噢，不用了。末将还要回去复命，不过，我想我家主帅的建议对我们两家都有好处，请张将军三思啊。如果没什么别的事，末将就此告辞了。"迟起龙道。

"那也好，送迟将军！"张德仁吩咐道。

从农民军的大帐出来后，迟起龙快马加鞭直奔睿亲王的营中。

在多尔衮营前站岗的侍卫看见了远处策马而来的迟起龙，急忙报道："报……迟将军回来了。"

多尔衮此时正在帐中思索着破敌之策，听到侍卫报答道迟起龙回来了，顿时来了精神。

"叫迟将军进来。"多尔衮命令道。

迟起龙正好下马来到帐前，进帐后，正要给多尔衮施礼，多尔衮马上扶道："免了。""你一路辛苦了，事情办得怎么样了？"多尔衮问。

"回睿亲王的话，末将已将您的书信交给了农民军的主帅张德仁，张德仁说要与众位将军商议方能做决定，所以属下先回来了。"迟起龙道。

"好，既然书信送到，本王就放心了。""来人，赏银五百两！"多尔衮道。

片刻后，侍从端上了五百两银子递到迟起龙面前，迟起龙看了看道："臣谢睿亲王赏赐！"

"不必谢了，快起来，你也累了，先回去休息吧。"多尔衮又说道。

"臣先告退。"迟起龙回道。

过了数日后多尔衮还是没有收到农民军的回信。

"哥，到底是怎么回事嘛？农民军那边连个信儿也不回，我们再这样耗下去粮草恐怕就不多了。"多铎有些坐不住，首先说道。

"多铎，你不要慌，我们再等等看。"多尔衮沉着地说道。

"十四弟，多铎说得对啊！你可要考虑考虑，如今我军粮草确实不多了，要不就奋力一战，要不就只能退回关外了。"阿济格道。

"没错，哥，今天众将都在帐中聚齐不就是要商量商量对策吗。我们不能坐以待毙啊！"多铎又说。

这时，站在一旁的大学士范文程说道："微臣有话要说。"

多尔衮见是范文程，说道："大学士有话请讲。"

范文程道："禀睿亲王，微臣认为现在所谓明之劲敌，唯在我国，而流寇复蹂躏中原，正如秦失其鹿，楚汉逐之，我国虽与明争天下，安与流寇角也。为今日计，贤以抚众，使近悦远来，蠢兹流孽，亦将进而臣属于我，彼明之君，知我规模非复住台，言归于好亦未可知。倘不此之务，是徒劳

我国之力，反为流寇驱民也，夫举已成之局而置之，后乃与流寇争，非长策矣。"

"大学士说得对，我支持。多铎愿为争讨先锋，先灭了大明叛军，再剿灭流寇叛乱。"多铎道。

"范先生，你可有破敌良策？"多尔衮问道。

"回睿亲王的话，以臣看我军可先派兵进攻明朝。眼下关内民心早已动摇，李自成又自立闯王，要打下明朝的江山，如今明朝已成为万箭之矢，很快就支撑不住了，改朝换代马上就要来临了。如果我军不抓住时机，以后若是想入主中原，恐怕要难上加难了。"

洪承畴听了范文程的话后也说道："范先生所言极是，臣极为赞成。我军现在应以农民军为主要敌人，以燕京作为主要攻击目标，其目的就是要从农民军手中夺取胜利的果实。这样大军入关可以事半功倍。"

多尔衮徘徊着想了想说道："嗯，好！就按大学士所说。"

"多铎，本王命你为前路征讨先锋，率镶白旗将士攻打大明。逢山开路，遇水搭桥。"多尔衮命令道。

"得令。"多铎跪拜道。

"阿济格，命你为粮草督运先锋，负责军中粮草所需。"多尔衮又说道。

"得令，臣一定不负重托。"阿济格道。

"其余众将，明日随我整顿人马，由内蒙古入关，一举攻打京师。"多尔衮说道。

"臣等领旨。"众将齐跪倒说。

第四章　开国定业创丕基

第一节　山海关前结盟友　劲旅攻占燕京城

顺治元年（1644年）四月初九，多尔衮率领满、蒙、汉三军，进攻关内。

这段时间在紫禁城中早已人心大乱，崇祯皇帝依然端坐太和殿。

"今日早朝，有本早奏，无本退朝。"总管徐太监喊道。

臣有本要奏。"禀皇上，李闯王的大军已经攻到古北口一带了，很快就要进城了。"

"什么，这……难道大明的江山就要断送在朕手里了吗？"崇祯帝焦急地说。

这时满朝文武全都战战兢兢低头不语。忽然，兵部尚书孙传庭走出朝班奏道："皇上不必着急，臣愿领兵前去抵御农民军，为万岁分忧。"

"孙大人，快平身。"朱由检说道。

"皇上，臣立下军令状。此去如果不能消灭那些农民军，臣愿以身报国。"孙传庭恳求道。

"孙大人，立军令状可非儿戏啊！"崇祯帝朱由检劝说道。

"皇上，大丈夫生则报国，死有何憾！"孙传庭斩钉截铁地说道。

"那好！朕就命你为兵部招讨大元帅，率十万精锐出征。白广恩、高杰！"崇祯帝叫道。

"臣在！"白广恩、高杰一齐出班跪道。

"命你二人为招讨副将，随孙传庭所率的十万大军出潼关，与农民军决一死战。"朱由检命令道。

"是！臣等领旨。"孙传庭、白广恩、高杰一齐答道。

"陈永福、秦翼明！"

"臣在！"二人齐答道。

"你二人协助孙元帅分别将河南、四川兵士互为掎角之势，以助一臂之力。"

"臣等领旨。"陈永福、秦翼明跪答道。

乾清宫宝座

"大军即刻出发，剿灭农民军！"朱由检高声命道。

"是，臣等遵旨。"众将答道。

"退朝。"朱由检说。

"吾皇万岁万岁万万岁！"其余众臣山呼完毕后都退了出去。

"报！……"

这时从帐外进来一个农民军到李自成面前说道："禀闯王，探子来报说狗皇帝已经派了十万大军前来征讨，要一举消灭咱们呢。"

"嗯？这狗皇帝怎么还有那么多兵？但休想吓退我军。你现在就拿着我的手谕星夜赶去湖南、广西调集全部精锐部队到河南，狙击朝廷派来的援军。"李自成命令道。

"是，闯王。属下遵命。"

这一日，孙传庭正率领大军走到河南郏县，与李自成调来的两路大军相遇，双方间展开了殊死的战斗。

孙传庭将佩剑举过头顶命令道："全军听令：给我冲！"

"冲啊……杀啊……"陈永福和秦翼明分别率领左右两翼向农民军冲去。

率领湖广两部农民军的李德达将军也下令道："弟兄们，给我上，杀掉这帮走狗。"

农民军听到也都高喊："杀掉狗皇帝、杀掉狗皇帝……杀啊……"冲了上去。

"叮铛……"两路大队兵刃相接，展开了生死搏斗。

怎奈农民军个个都骁勇善战、以死相搏，明军将士都无心作战，且战且败，最后折损了四万余人撤往了陕西潼关。

崇祯十六年八月十日，李自成采取诱敌深入的办法，孙传庭再次与农民军相遇，此时他的军队还未进驻潼关，就此遭遇劲敌，一时难以抵挡。

于是孙传庭下令："众将士随我上，杀……"他一马当先和农民军交手，

杀掉了不少农民军的士兵。

明军这一路远来，是且战且败，已经毫无斗志。但见主帅一马当先、英勇向前，深受鼓舞，也一齐冲了上去。

孙传庭已经打得血染征袍，不知是从哪儿射来的一支箭正中他的左肋，他身子一歪，咬紧牙关将箭拔出，鲜血顿时淌出。

"元帅，不行了，我们快撤吧。"在远处杀敌的白广恩看主帅中箭，焦急地喊道。

孙传庭这时连命都不要了，他哪听得进这些劝告，拼命往里杀。

正巧，他与李自成遇了对头，不等孙传庭反应，李自成一个"嫦娥奔月"，挥刀将孙传庭的人头砍落。

明军见主帅已死，人心动摇，大败而逃。李自成很快就攻下潼关。不久，渭南、商州、西安也被李自成的军队所攻占。

次日，白广恩、陈永福率领明军其余士卒来降。

"报闯王，有两个明军将领来降。"农民军军卒报道。

"让他们进来。"李自成说。

"是。"农民军军卒回道。

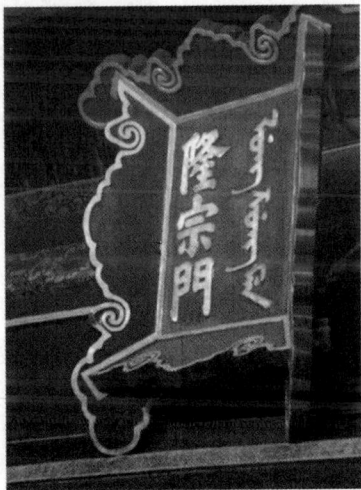

隆宗门匾

白广恩、陈永福两人进帐后见到李自成，忙跪倒恳求道："我等愿归降闯王。"

李自成低头看了看跪在脚下的二人，心中暗自得意，高兴地说道："二位将军快起来，李某正在用人之际，二位都是好汉，承蒙不弃，就任本王伐明的左右开路先锋吧。"

"谢闯王！"二人拱手说道。

崇祯十七年（1644年）三月，李自成率领农民军攻克北京，建立大顺政权。明朝宣告灭亡，崇祯皇帝朱由检出宫城神武门，入煤山，在一棵歪脖树上上吊自尽，他的贴身太监王承恩亦从死其旁。

崇祯皇帝殉国处

歪脖树

崇祯皇帝自缢身亡。盘踞山海关的明朝总兵吴三桂见大势已去，接受了李自成的招降。此时，多尔衮进退两难，原本以为先打下京师，随后再从农民军手中夺取政权的计策落空了。

巧的是形势又出现了转变。吴三桂风闻起义军拘禁了他的父亲和爱妾陈圆圆，便"冲冠一怒为红颜"，转身投向清军摄政王多尔衮，欲献出山海关，

此举也激怒了李自成，李自成很生气，他派军征讨吴三桂。

这一日，驻守山海关的明总兵吴三桂修书多尔衮请求援助，共同镇压大顺军。

傍晚，多尔衮正在大帐中与诸将领讨论伐明之策，过了一会儿，士兵来报道："报，报摄政王，山海关总兵吴三桂送来书信一封。"

"哦？"多尔衮迟疑了一下，问道："信在哪里？"

随后，这位士兵把信呈给了多尔衮，多尔衮展开信一看，只见是吴三桂亲笔所书："摄政王，愿如约，大顺军已压境，请速速派军援助，吴三桂书。"

多尔衮看了书信，脸上露出了笑容，他认为这是清军入关的大好时机，于是马上回信，写道："伯遣使致书，深为喜悦，遂统兵前进……今伯若率众来归，必封以故土，晋为藩王。一则国仇得报，一则身家可保，世世子孙，长享富贵，如山河之水也。"

神武门

多尔衮利用这一时机，迅速向山海关推进。

顺治元年（1644年）四月二十一日，多尔衮军队还距山海关15里左右。但李自成的军队比多尔衮的军队快，已提前一天到达山海关与吴三桂对阵了。李自成为了阻止吴三桂降清，令吴三桂的父亲劝其投降。多尔衮的高官许诺触动了吴三桂，吴三桂不肯降于李自成。劝降不成的李自成派军队开始向山海关猛攻。一直大战到傍晚，眼看山海关就要被攻破时，多尔衮率军抵达。四月二十二日，吴三桂按约定迎接多尔衮入关，清军即与大顺军在山海关附近决战。

多尔衮先观察局势后和吴三桂兵合一处，在"一片石"打败闻讯东征的李自成大军。多尔衮获胜后在威远台扎营休息，并派人去请吴三桂。吴三桂来到清军的驻营处，受到多尔衮接见，按照先前之约，吴三桂降清。

大顺军战败，李自成被迫退回北京，数日后又从京城撤出。顺治元年（1644年）五月一日，多尔衮率领清军进入了北京城。

顺治元年（1644年）五月初二，多尔衮率大军来到京师，入主燕京，

盛京故宫的照壁

盛京故宫建筑上的雕龙图案

奠定了大清统一中原的伟业。

顺治元年（1644 年）六月，多尔衮及诸王、贝勒、贝子、大臣等众人商议迁都燕京。太宗皇帝常言："若得燕京，当即徙都。"多尔衮用先皇之语劝道。

盛京留守的诸王大臣们听此，有的点点头，有的还在犹豫……众臣迟疑了一会儿，"唉！若真如此，还是迁都吧。"接着诸王及大臣纷纷说道："吾等同意徙都。"

随后，多尔衮遣辅国公屯齐喀、和讬、何洛会等人前往盛京，迎接皇上圣驾至燕京。

第二节 幼帝入主紫禁城 权父摄政大清朝

多尔衮与诸王贝勒大臣商议决定，建都于燕京。顺治元年（1644年）九月，顺治皇帝从盛京迁都至北京。顺治元年（1644年）十月，睿亲王多尔衮迎接幼帝福临车驾入都，定鼎燕京。随后，福临在大政殿举行即位大典，

大清世祖章皇帝福临

受文武官员朝贺。告天祭地、颁诏全国，开始了清王朝以北京为都城的长达两百多年的统治。多尔衮完成了太祖太宗入主中原的夙愿，是清朝入关后的实际创业者。

多尔衮入主燕京后，这一日，文武百官在太和殿早朝。摄政王多尔衮宣布："各衙门官员，俱照旧录用；朱姓各归顺者，亦不夺其王爵，仍恩养之。"

接着，多尔衮又宣布："传本王谕：厚葬崇祯皇帝。"

顺治二年（1645年）一月，

自清军入主燕京以来，摄政王多尔衮专心辅政，尽心尽力。使得顺治初年燕京城的百姓生活呈现出了一片繁荣的景象。

这一日早上，摄政王多尔衮继续来到武英殿与诸王大臣等商议国事。

下朝后，豫亲王多铎和英亲王阿济格来到了睿亲王府。

"哥，你就这么安逸地情愿当这个摄政王吗？"多铎很不满地问道。

摄政王——爱新觉罗·多尔衮

春华门

武英门匾

乾清门

"多铎，你给我住口，欺君罔上可是死罪！"多尔衮厉声道。

这时，阿济格急忙打圆场说道："十四弟，暂且息怒。十五弟也是为了你好。你看，这每天为国事忙里忙外的是你，坐在龙椅上的却是一个小孩子。大清的天下是我们打下的，坐江山的却不是，愚兄也是心不甘呀，论才干，十四弟哪里不如皇太极，这皇位本来就是你的。唉……"

多尔衮看着哥哥阿济格，回答道："不错！每个人对于权力都会渴望，都希望能坐在那高高在上的龙椅上，可是多尔衮既然做了叔父摄政王，就只能在这个位子上走下去，因为我是皇帝的叔父，不能让后人耻笑。"

"哥，你早就觊觎皇位，为什么这么犹豫？"多铎问道。

多尔衮回答道："好了，以后再也不要提关于此事的话了。"

三兄弟简短地谈了些其他诸事后，豫亲王多铎和英亲王阿济格纷纷回府。

神武门

第三节 少年天子资聪慧 勤学苦读小皇帝

顺治皇帝博览群书，十分用功。每每深夜降临，福临依然手不释卷，每当读到四书中关于齐家、治国、平天下有裨益的地方时，福临感觉自己就有一种莫名的责任和使命感，他要做一个好皇帝。

"子曰：爱亲者，不敢恶于人；敬亲者，不敢慢于人，爱敬尽于事亲，而德教加于百姓，刑于四海。盖天子之孝也。《甫刑》云：一人有庆，兆民赖之。"福临念着。此时的福临，早已把《三字经》、《百家姓》、《弟子规》、《千字文》背熟，眼下他正在学习《孝经》。

大清立国之君顺治帝福临

"皇上，夜已深了，该休息了。"在一旁侍候的吴良辅说道。

"小吴子，朕要把这本书读完。洪师傅说了，读完了它还有《论语》、《孟子》、《中庸》、《大学》，最后还要读《资治通鉴》和《贞观政要》，上面有许多治国的道理呢。"福临指着书案上的一摞书说道。

"那奴才给皇上端碗参汤来。"吴良辅说道。

过了一会儿，吴良辅将参汤呈给顺治皇帝："皇上，您先喝

大清嗣天子宝

了这碗再看吧。"福临看了一眼吴良辅，顾不上答话，一只手拿着书，另一只手接过碗，一边喝一边看，乃至最后参汤喝完了，福临的手中还托着碗。吴良辅见皇上读书着了迷，也不敢大声多语，只好接过顺治皇帝手上的碗，侍立在一旁。

第四节 钟情汉学顺治帝 学有所成师骄傲

少年天子平日里的课业，也是学习儒家经典，学习四书、五经以熏陶，书中自有治国之道与人生哲理，读这些书可以使他成为明君。顺治皇帝年龄尚小，目前由摄政王多尔衮代皇帝处理政务，待皇帝加冕之礼后，摄政王多尔衮就要还政于顺治皇帝福临，因此，大清的立国之君，洪承畴敢不尽心培养吗？皇帝每天需要文武兼修，学习儒学经典、满文及武功等功课，每天的生活安排得是十分充实的。

每次上课前，福临都要背诵古文给师傅，这也是对课业的检验。老师下课后会布置临字帖、作诗文等功课，以示学习不能松懈。顺治二年（1645 年）三月的一天，

皇帝便帽

福临像往常一样，继续来书房读书。

福临进了书房，洪承畴早已在这里恭候多时，看到皇帝来了，赶忙叩首向顺治皇帝施礼道："臣洪承畴参见皇上。"

顺治皇帝见状，连忙把他扶起来说道："从今日起请洪师傅不必拘礼，讲书之时，落座讲学比较有助讨论。"

"臣不敢。"洪承畴回答道。福临见老师不肯便又说道："天子理应敬师，这样才能给万民以表率。"洪承畴见福临执意如此，只好点点头答应了。但日后给顺治皇帝讲学时洪先生都是先行拱手礼，然后师生依次落座。

顺治皇帝这时坐到座位上，拿出了学习的书籍放在桌案之上，说道："洪师傅，您看学生今日把这四书已经全看完了。"顺治皇帝福临说道。

洪承畴听了十分高兴，称赞道："吾皇聪颖，可否讲述所读之书其要义乎？"

福临听了，知道是师傅在考他，便回道："好吧，洪师傅，学生今日就浅说一二，还望师傅多加指正。"

说罢，少年天子福临开始一一道来。"首先，《论语》者，其二十篇。学生认为，书中的要义是以'仁'为本，君要以仁治国。论道德者，应己欲立而立人，己欲达而达人。三人行，必有我师焉。择其善者而从之，其不善者而改之。《孟子》者，学生最喜欢'乐民之乐者，民亦乐其乐；忧民之忧者，民亦忧其忧'。《大学》中所说的："大学之道，在明明德，在亲民，在止于至善。"这就是说治国的道理就在于让百姓仁爱敦睦、明理向善，在于使人达到最完善的境界。知道应达到的境界才能够有坚定的志向；志向坚定才能够镇静不躁；镇静不躁才能够心安理得；心安理得才能够思虑周详；思虑周详才能够达到最完善的境界。每样东西都有根本、有枝末，每件事情都有开始、有终结。明白了这本末始终的道理，就接近事物发展的规律了。治国也是一样，要理解百姓所需，不能逆天而行。还有一句话学生也很喜欢，曰："君子有诸己而后求诸人，无诸己而后非诸人。'为君者，要常常检查自己，君正则臣忠……"

紫禁城内照壁——二龙戏珠图案

洪承畴认真地听着福临的汇报，听了福临这一番言论，对这位少年天子充满希望，他暗下决心一定要为大清栽培出一位明君。

顺治皇帝刚刚说完，洪承畴对福临的认识大加赞赏了一番，接着，洪承畴对四书中的要义进行了详细的解释，他耐心地引经据典，以比喻、引申、论证三法来讲述为君之道，直到福临真正理解为止。福临边说边和师傅讨论，师徒二人互动得十分融洽。

第五章　燕京城中续传奇

第一节　专心辅政多尔衮 权倾一时摄政王

顺治二年（1645 年）五月，以"称号必须正名"为由，多尔衮被晋封为皇叔父摄政王，并按照帝王礼制为摄政王多尔衮记《摄政王起居注》。

顺治二年（1645 年）五月二十八日傍晚，摄政王多尔衮在书房认真地看着奏折。从这一叠叠的奏折中，有两件事摄政王想于明日大朝中与臣工商议。其中，有一本奏折上是关于摄政王所下之剃发令发布后，有诸多百姓不愿意剃发。原因是指责朝廷这种行为是没有礼数制度的。另一本奏折上是弹劾山东巡抚方大猷诸事。

次日早朝，顺治皇帝福临端坐在龙椅上，摄政王多尔衮恭立于首位，顺治皇帝只相当于一个"傀儡"，一切军国大事全部由摄政王代替皇帝处理。只见，摄政王多尔衮与群臣在大朝中商议昨日奏章所示之问题。

摄政王多尔衮问道："本王近览章奏，屡以剃头一事引礼乐制度为言，甚属不伦。本朝何常无礼乐制度，今不遵本朝制度，必欲从明朝制度，是诚何心？若云：'身体发肤受之父母，不敢毁伤'，犹自有理。若谆谆言

紫禁城九龙
壁上的龙

礼乐制度，此不通之说。予一向怜爱群臣，听其自便，不愿剃头者不强。今既纷纷如此说，便该传旨，叫官民尽皆剃头。那么，尔等诸位大学士、王公臣僚意下如何？"

众王公大臣听了摄政王多尔衮之言后，在场众人想了片刻，忽从队中出列的一位大学士跪奏道："回禀摄政王，微臣以为摄政王和皇上一向怜爱臣民，尽皆感仰，况指日江南统一，还望摄政王和皇上宽容。"

摄政王多尔衮见众人都希望宽容百姓之举，于是，他也就不追究什么了。他说道："好吧，既然诸位臣工认为应当宽恕百姓，那本王也就不再勉强，不再追究便是。"

另外，还有一件事，山东巡抚方大猷一事，吏部拟革职为民，摄政王向大学士等咨询问道："应该怎么处置？"

大学士等言："方大猷此事错误，该处，但念为地方亦有勤劳，或从降处。"

摄政王多尔衮听了便问："既然大学士等认为从降处，那如何降处？前朝有降调者，亦有降一二级，照旧者。"接着，多尔衮又说道：

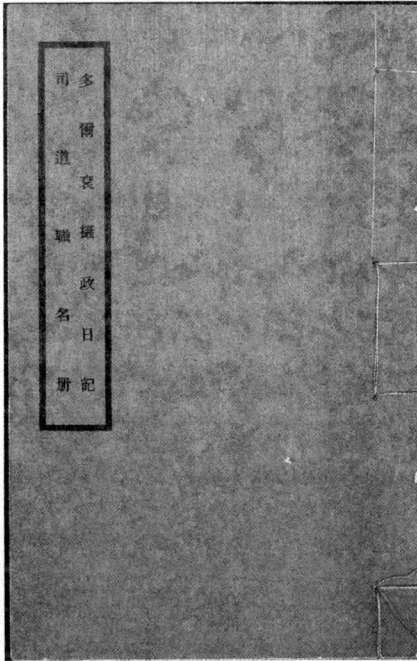

民国二十二年版的《多尔衮摄政日记》

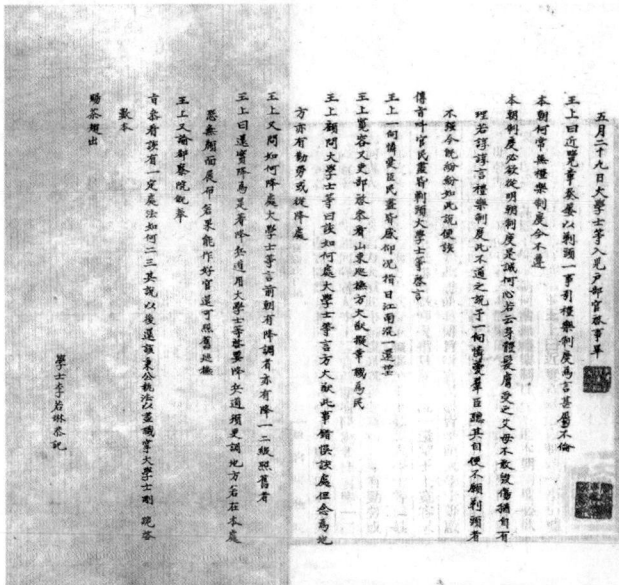

《多尔衮摄政日记》原件

"若还实降为是，著降兵道用。"这时，大学士们纷纷启奏道："要降兵道，须更调地方，若在本处，恐无颜面展布，若果能做好官，还可照旧巡抚。"

"嗯，嗯。"摄政王多尔衮不住赞许地点点头。最后，摄政王多尔衮及皇上颁布谕旨，要求都察院即奉旨参看该如何处法，如果二三其说，以后还该秉公执法，以尽职掌。

紫禁城内陈设

说罢，大学士等官员又跪着启奏数本后，早朝终于结束，他们得到了皇上赐茶款待后，小步疾行退出，以示恭敬顺治皇帝之意。

顺治二年（1645 年）六月初三，大学士等人来到武英殿，与摄政王讨论朝政。摄政王多尔衮首先赐坐各部官员，诸官员依次进入。

启事王顾问道："代王（朱传烷）有遗腹子，不知道他有住的地方吗？是否供给其生活所需？令巡抚、按查使查明，给他提供生活所需。"大学

士冯铨等人叩首，以示谢意。摄政王多尔衮问道："给代王养赡，为什么你们叩首，是想念你们过去的主人吗？"

大学士等回答说："大王您尚且深切顾念，何况我们呢？且前人有成语：'一心可以侍奉两位君主，二心不可以侍奉一位君主。'凡是不忘记前朝的，由这种心思推想，就能尽忠于本朝。"摄政王又问道："比如封赏当今的亲王，你们未必会（替他们）谢恩。"

大学士等对答道："摄政王说笑了！诸王懋功膺赏，臣等怎敢不赞美敬服呢？"接着，各官又奏了一些事。过了一会儿，摄政王多尔衮说道："臣下侍奉君主，全在精白一心，不在表面上。"

摄政王又问道："江南暨今有什么好人物？"大学士等人答道："地方广大定有贤才。"

摄政王说道："不是泛论地方贤才，只是先生们心里有知道的否？"

大学士等回答道："钱谦益是江南的人才。"

摄政王道："如今在哪里，还活着吗？"

大学士等答道："昨日送来的归顺文册上，有钱谦益的名字。"摄政王多尔衮听后，点点头，不一会儿赐茶，大学士刚林读完本章便与诸臣缓缓告退了。

顺治二年（1645 年）六月初四，多尔衮在武英殿正阅览奏折。这时，小太监来报："启禀摄政王，外面几位大学士求见。""好的，宣。"摄政王多尔衮说道。

片刻后，大学士等人便进来了。多尔衮请诸位坐下谈话。众人叩首道："谢摄政王。"多尔衮又命人赐茶。

首先，大学士读了奏章各贿事处置讫，摄政王问："宫殿所用的木材产地来自哪里？"

大学士对答道："这些木材来源于川广。"

摄政王又问："那边常有大木吗？"

紫禁城内

　　大学士答道："极大者可能得来不易。"

　　摄政王说道："皇极殿费耗六百万金，果真如此么？"大学士对答道："的确。"

　　摄政王又说道："一座大殿的造作（耗费）达到六百万两黄金，怎么（可以如此）过于奢侈？汉文帝时露台（的修建），吝惜一百金的耗费，更何况是六百万呢？然而汉文帝吝惜百金的耗费，（我）也觉得太过节俭了。大凡天下的事，自有中庸之道，（程度）太过分与达不到，全都是不对的。比如：上古帝王唐尧，他的茅草屋顶都舍不得修剪，也太过于节俭了。帝王居住的地方，怎么可以这样呢？"

　　大学士等对答道："上古的时候，（风俗）原本就是那样自然质朴。"

　　接着，吏部和兵部各自将事务奏启完毕，便告退了。众位臣公随之也都互相作揖告退而出了。

启祥门

顺治二年（1645年）六月二十九日，大学士等觐见摄政王，并向摄政王叩首。摄政王多尔衮给诸位赐坐。

大学士刚林宣读了都察院奏本。摄政王说道："茶马一差要紧，必须选择合适的人。""都察院的副都御使刘汉儒。"廖攀龙对答。

摄政王顾问："刘汉儒是哪里的人呢？"

在场大学士纷纷回答道："刘汉儒是北直人。他曾出吏部过持签。"

汉儒退出朝堂后，吏部官员每人进行了抽签，按照（抽签决定的）顺序开始奏事。摄政王又说："这些用的满洲人，我一个个都了解，可如果是汉人，他们（究竟是）品行贤良，（还是）品行不好，我都不知道。"又说："在地方上相关部门及巡抚、巡按所推荐的官员，多是严峻苛刻的人，很少有天生的好人，每一个地方不超过一两个人，（严峻深刻的官吏）怎么可能有如此之多呢？"

大学士等对答道："外官任参处之外，都应该奖励推荐，这是惯例。所推荐的人抚按多有相同的，如果没有参与的人绝不会雷同，一个是一个。"

摄政王对答道："当选的官员不一定都好，就像在矮子当中挑选一位将军，就算是不好的，也是要被选中的。"

大学士等对答道："被选的人怎么能就知道，等待到了地方，不好的自然会斟酌处理。"

接着，大学士读了杨方兴的奏本。摄政王说道："此人做官做得如何？"

大学士等对答道："他做官做得很不错。"

摄政王说道："他当初是从内院出去的，我也知道此人。"

过了一会儿，吏部向摄政王奏报关于陕西的事。

摄政王说道："贼寇闯王李自成的军队暴戾百姓，痛恨大清。自大清颁行这些新的措施以来，很多普通百姓都表示自己心悦诚服。"

大学士等对答道："汤武殴民桀与纣。如今，摄政王和皇上颁布的新政比明廷要好很多了，譬如，免钱粮、严格禁止收受贿赂，这些都是让人心悦诚服的地方啊！"

摄政王听后也十分认同，回答道："做得好与不好，惟天可表。"接着，摄政王又说道："明朝在崇祯皇帝手上灭亡，是上天早已注定的。当时的明廷当然也有良臣，但再想成功已是不可能的事了，他们无力回天。"摄政王想了想说道："崇祯皇帝也是好的，只是他身边的武官假功冒领奖赏者太多，文官则贪赃败坏国家法律，因此，明朝的天下才失掉了。"又说道："我在东部的时候，每次看到这个朝廷报告，下边的臣子都欺骗皇上，皇上的旨意故此也蒙骗臣下，十分可笑。后来越看越不想看了，故而一直不看了。"

过了一会又说道："有个御史名叫赵开心，驳斥了他一个本，再不见皇上了。人臣进言，自然是对的，就是说的不正确，也不必介意皇上的意思。"

大学士等对答道："或许赵开心有恭敬谨慎的思考吧。"摄政王说道：

"他在家中做的事，下面的人也根本不知道。"

说到这里，大学士刚林等持冠带品级图跪前呈览。

当天天气晴朗，摄政王和诸臣在这么一个和煦的日子中，言无不尽，诸臣互动得十分畅快，过了一段时间才出来。

景曜门

顺治二年（1645 年）闰六月初四，大学士刚林上奏御史赵开心本章。

摄政王笑着说道："赐他驴子，于是才有了这本奏章。"

又上奏朝廷御史宋一贞一本。

摄政王向众大学士问道："匠役生事害人，这是哪位匠役敢如此胆大？大凡说事情必须要出名，经过多次整顿如何不遵守此规矩？这个本章不应该不让人看。"

大学士奏答道："通政司收在外，各政府及百姓本来可以封驳，这是言官本奏，所说的对与不对，必须封进，恭候旨意才能再下决定。"

摄政王说道："这位御史完全不为诸王考虑，只说有妨于百姓，分明是偏袒小民的意思。"

大学士等答道："百姓是诸王的百姓，尊重百姓正是尊重诸王。臣等的意思认为诸王应给禄米，赐赡田，自然富足够用。明朝每年的钱粮多半是朝廷与王府供用。"

摄政王说道："如果明朝宫女数千，王府也多宫女。此时也照此实行可以吗？"接着问起宫女应该在哪里挑选的事情。

大学士等奏道："朝廷传旨令礼部筛选，王府请圣旨希望能够选在他们的封国。"

摄政王笑了笑，问道："目前就行此事何如？"

大学士等奏答道："此时天下初定，民心大都在不安之中，所以这件事情目前是不可行的。臣等仰见摄政王圣德，想必您也不会现在执行此事的。"

摄政王又说道："明朝未亡的时候，百姓家中有蓄积十万金者，可是现在的诸王府都没有有二三万金之积蓄，非经营生不足开支呀。"

大学士等奏答道："明时多藏乃明所以亡。今诸王无厚蓄，正是清朝之所以兴盛的缘故啊！"这个问题在诸位之间已经讨论很久了。摄政王又说道："商纣王拒谏来掩饰自己的错误，我现在反复说的，不是不听御史宋一贞的本奏而为他说话，只是说不知道这是不得已而为之。等到天下一统之时，逐渐定制，颁赐宗族的俸禄。现在就难以迅速禁止这些。御史本改票行。"

大学士又奏答道："英王（阿济格）取得了胜仗，应当祭祀郊庙。社稷拟票内有神人共愤语。"

摄政王说道："明朝时知道博学的人很多，只是这样说话似乎不宜。人内心的愤怒，原本是可以看到的，如果是上天的愤怒，那将从何而得知呢？现在，朝廷的军队被侵犯就如是说，如果两军相持不分胜负，那不就是在愤怒和不甘心之间徘徊吗？"

大学士等奏曰："从我们老百姓的角度来看，天听自我民听。王上奉

天讨罪，天下无敌，确实有可据可寻，是理所应当的。"

过了一会儿，摄政王说道："当今天下也不缺乏人才，但朝中的大臣贤与不贤须久任方见。"

大学士等奏曰："王谕久任洞见治理，但当下职位多，人员紧缺，迁转不得不一两年间，方可行久任之事。"

摄政王又谕："治理天下全在得民心。但新官语言不通且多不识面，如何才能得到有才能的官员而委用他呢？"

大学士等奏答道："自从汉代唐代以来，君臣语言相通，何尝尽能得到贤，因大臣不得其人故也！如臣等内院及吏兵二部得人，则在京官员自然得人。外面各处督抚巡按得人，则道府州县自然得人。天下可不劳而理矣！"

摄政王回答道："的确如此。"

过了一会儿，摄政王多尔衮拿来弓矢赐给大学士冯铨。冯铨在自己的座前谢恩道："臣谢摄政王赏赐。""好了，不必多礼。"多尔衮答道。

摄政王多尔衮还入召见了大学士刚林，并赐刚林蟒袍一件，还赏赐了归顺的明晋王、明赵王和投顺总兵官马科之子马如琪等人袍服。并召大学士进殿内列坐，赏赐了一顿美味的佳肴。大学士们谢恩，吃完饭后恭敬地退出大殿。

顺治二年（1645）闰六月初六。摄政王问道："赵开心日日上疏，想他皆属宿拘。"

大学士等奏："赵御史叨蒙钦赏，报答深重，自然有怀必尽。"多尔衮问道："金陵（南京）已经安定了，其余诸省应该尽快下诏招抚？"

大学士等回奏："另外商议派遣人，不如任命各省巡抚、巡按等官亲自前往诏谕自己地方，分清责任，处理事情精泽。老百姓既有维系，连贼寇都可以理解。"摄政王多尔衮不住地点头，并采纳了意见。

于是，多尔衮特谕辅臣当遣书武英郡王阿济格。江南归附的诸臣，例如：

马科、白广恩等都着来，京待陛下召见。其余统兵头领也皆是如此。此外，士卒或解散归农，或拣选充任，务令行间周详，安插得宜。

月华门

多尔衮又问："兵部侍郎金之俊自有本部事务当言，如何旁及漕运？"

大学士等奏言道："金之俊旧司漕务，且生长江南，事颇洞晰。漕运系国家大计，廷臣皆得条陈，就是老百姓上书谈及此事，也没有什么不可以的。"

摄政王说道："谈及漕运当然可以。江南安定以后告庙祭天，这是礼部执掌的事情，且已具疏言过，金之俊何又必陈诉？百官各有所司，越俎局外，反致本等职业不修，可批驳进行整顿。"

而后，摄政王多尔衮又问道："南京明太祖守陵人役数目有多少？"辅臣奏答道："孝陵定制可以在户部的档案上查明。"

接着，摄政王发上谕道："桑芸所上之疏，意思是说满人、汉人言语间不能相互听懂，已导致了有些猜疑推诿，让他把这些人的名字说出来。乃说原没有事实证据，可能有这样的事。那些言官对朝廷耳目，一定是要

说真话,实可行然后聪明有益。现在,浮泛无依据,入耳经心,白白浪费精力。人的精力有限,如果劳累于无意义的事,在军国要务反而导致照顾不过来。"

大学士等奏道:"人臣应防止和杜绝这种事情,功令三令五申,都可以提前停止流弊,消弥未来。如果等到事情成功,挽回也许不如从前。这是言官的职分啊!"

摄政王告诉(大学士等):"当今国家(正处在)多事之时,我怎会害怕勤奋辛劳,只是图谋(个人的)安定、安乐和方便?!但是机要事务与日俱增,(我)疲于裁夺应对,头昏眼胀,身体时常反复不适。(我)年岁越来越大,每当遇到繁杂不断的事务,心情就急躁烦闷。去年刚刚到达燕京(的时候),(我)水土不服,得了很重的病。现在虽然好了很多,但是也没能完全痊愈。以后的本章奏疏,都必须选择紧要的事奏呈上来。"

摄政王问:"江西各省有可用的人才么?"大学士等上奏到:"各地都不缺乏人才,(因此)不敢轻率随便、毫无约束地荐举,容(臣等)详细选择后(再)奏上来。"摄政王问六部尚书例行的随从人员及其数量,大学士等上奏到:"(各部尚书随从人数)多寡不齐,大约二十人上下。"

遵义门

摄政王告诉（大学士等）："仪仗及随从的事，姑且暂缓，（官员）官帽、顶戴等威仪，实在属于紧要的急事，要从速颁行。"由此可见，摄政王多尔衮专心辅政。

顺治二年（1645年）闰六月初七，大学士等人见。奏署延绥巡抚赵兆麟本章，为销算钱粮一事，与摄政王多尔衮商议。

摄政王说道："钱粮的事情，只需要告诉户部奏缴，何必一一奏告？"

大学士等启奏道："钱粮之事，事关国家重务，凡有支销，自当奏闻。若径咨会户部，不经上闻，恐后世滋弊，不可为训。此前朝旧例，似不可废。"接着，大学士又宣读了山东巡抚丁文盛奏本。奏本中写道，中军不避火炮等语。

摄政王说道："火炮迅猛，难以发现，很难避开。没有人不想避开火炮，想避开却躲不了，如果出现有人不避，那么，这个人肯定是疯了。"

接着，王顾问大学士等曰："本朝大兵平流寇甚易。当时明朝虚张声势，动说兵数百万，如果有精兵，数十万就可以扫灭贼寇，为什么让他们流毒致数十年不结？"

大学士等答道："叛贼到都城还说不必担心，只是因为人心都懈怠罢了。"

接着，大学士刚林又宣读了御史王显奏的吏部本章。

摄政王说道："这系吏部职掌，何须御史泛为条陈。此皆不必要的本章，白白费神。批答可出旨驳正之。"

大学士等答道："人臣进言十分困难，也不可一概推行禁止。"

"从轻易驳斥才是，让他知道警醒就足够了。如果驳得太严，恐怕以后就没有人敢进言了。"摄政王笑着点点头说，并接纳了意见。

摄政王多尔衮又上谕大学士等："我近日阅览《洪武宝训》时，见上面都说军队国家大事，实有经济足裨治理未常泛及章奏。"大学士等对答道："实际上也记载有本章。如果祖训都记载，人君谟诰罢了。"

随后，大学士刚林继续宣读奏本，这一本是山西巡抚马国柱的本章。

摄政王说道："李鉴和马国柱这两个人，不可以同时放在一个地方，当重新调一人。满洲人在心里实际上是说过便了事了。但汉人并不是这样，若两人放在一起，就会明争暗斗，永无休止。"

接着，摄政王又谕大学士等，说道："本朝礼遇对前朝（明朝）诸王衣服饮食，时加赏赐。公主与诸王一体，应该体恤。我因为政事在身，没有太多的时间，现在想加赏前朝公主衣服饮食，不知道与国家体例合适吗？"

大学士等对答道："钦赐出自圣上的恩惠，没有什么不可以的。"摄政王多尔衮听了十分高兴，即刻上谕及新丁官服之制道："一品官用东珠系极珍贵之物，只许用三分。重者如重过三分者当禁止。"奏完此事，大学士便恭敬地退出了。

紫禁城筒子河

顺治二年（1645年）闰六月十二日，大学士刚林向摄政王多尔衮启奏关于逃兵一事。

摄政王曰："我大清朝兵力强盛，军队的士兵都不怕死，想必是钱粮不够用，不能养活自己了，这件事还是从轻处理吧。"

紧接着，六部督察院的诸臣有事要奏，求见摄政王多尔衮。

诸臣启奏完毕，摄政王说道："如今长江以南平定，人心归附，如果不趁此时，开创统一的大业，难道不是错失机会吗？尔等诸臣都应该同心协力，在这大好时机中，建立功勋，凡属职内之事，要尽职尽责，不要为了得到虚名，夸大其说。"

摄政王又说："如果确实能做到矢忠矢公，清廉勤勉谨慎，各尽职责的话，天下自然会太平。""明末时的诸位大臣，他们贪图财利，结立党羽，互相排挤，以欺骗为手段，所以小人才会得计，任意交章，烦渎主听，使君主迷惑，用人方面宵小之人横行，颠倒混淆，以致各地贼寇四起，民心失离，导致国家祸乱，无法挽救，前朝失道的错误摆在眼前，我们时刻要引以为鉴。"

接着，吏部左侍郎陈名夏、都察院副都御使刘汉儒奏道："应天、江西、湖广已归入大清版图，宜速派遣巡抚、巡按官前去安抚。江楚长期被战争蹂躏，百姓生活十分不安且惶恐，如果早一天派遣官员，百姓就可以早一天接受大清的恩泽。选用抚按各有地方责任自去料理，不必另设招抚官。况福建路遥，去浙江、两广的路线要经过江西，去往四川、贵州的路线要经过湖广。这三省巡抚尤其应当先设，必须尽快处理此事。"

就这样众臣按着顺序，大学士刘汉儒又奏道："招抚须用大有担当的人去才可以。"

摄政王多尔衮接着说道："没有归顺的地方应该任用大臣先去招抚，随之设巡抚、巡按等。"

陈名夏听了摄政王多尔衮的一番话后，表示道："臣对于江南地理十分熟悉，愿意奉命前往。"

摄政王多尔衮听了很高兴，问诸臣的意见如何。礼部左侍郎孙之獬奏

答道："没有平定的地方应该用大臣去宣扬我大清皇朝的威德，招抚他们来归顺才是。"

摄政王多尔衮说道："这……容本王想想吧。"于是，六部诸臣陈奏完诸事便慢慢退了出去。

又一日过去了。摄政王多尔衮问大学士冯铨道："昨见御史马兆奎一疏，与我的想法很不符合。马御史在奏本内说，连日以来的持续降雨中，使民房倒塌了一半，有一些百姓因此而死亡，还有的一些百姓因此而受伤，朝廷应该赐给死者以棺材，来救济他们。这便是仁政之举。我想施行仁政应该是有重有轻。如果只盗取虚名，不审时度势，这样的方法是不行的。"

接着，摄政王多尔衮又问："府州县道地方连日来的大雨也同京城一样吗？若一样，应该普遍施以救济。如果只对京师进行救济，那么府州县道一定会对朝廷怨声载道。"

大学士等奏道："马御史巡视该城地方，职所应言。况京师为根本重地，亦无非从朝廷百姓起见。"

摄政王说道："我不是说马御史不是。但我素性遇有干誉邀名之事，不惟我不肯为，即见人为之，亦不胜其羞耻。"

大学士等奏答道："京师作为首善之地，原与外郡、县不尽相同。马御史此所奏的这些事情虽然微不足道，或者有的事情不一定执行，恩泽似乎应当加重些。"

摄政王说道："说得不错。诸位公卿大臣，凡事俱要想办法挽救，不可任其发展。"

奏议结束后，摄政王多尔衮赐大学士及学士史官等饭食，以示恩泽。

摄政王说道："文王恩泽及枯骨，从古至今相传为佳话；夏朝的桀、商朝的纣，两位君王的所作所为，便会让后世所耻笑。古往今来，不同局势不相沿袭而治理。如果一定要把尧舜之道在今天施行，恐怕今天也有不便于施行的政策。因此，只有因时制宜，方可治理国家。我始终致力于使百姓普遍受到恩泽才行。如果沾沾一些小小的恩惠，我是不会这样做的。"

大学士等人奏答道："周文王所施行的仁政很多，枯骨特其一耳。臣等希望摄政王和皇上，能够效法唐尧和虞舜文武之道，来治理国家。"

摄政王问道："张献忠如今在哪里呢？"

摄政王上谕大学士说道："天下还未平定之时，民心不能安定，我费心劳神在朝夕之间。幸亏上天眷顾，疆土日益扩大到现在。应当治理朝务，鞠躬尽瘁，只是担心朝野之间特起豪杰，那将是很难收拾的。"

大学士等奏云："天下这么大，怎么可能没有豪杰呢？但是自古豪杰都是最识时务者，朝廷之上，政治详明，虽有豪杰，也会退而听从命令的。如果事情有不好，那么这些人伺机窥探。微臣等希望王上常有警惕这种事的意识。"

摄政王说道："明朝宗藩、蒙古诸王，他们国运已然衰退，也没看到有什么奇伟之人和诸多豪杰出现啊！"

大学士等奏曰："这里面确实没有豪杰，正如摄政王所谕。"

摄政王上又问："明朝朝廷中，官员都善结成分党。如果是同心为朝廷，这样的党是好的。"

稍后，李大学士又启奏道："君子和而不同，小人同而不和。从国家百姓起见，这是和；从身家私欲起见，这是同；和与同原有分别。"

接着，冯铨奏道："诸臣所说所做，都能被摄政王和皇上看穿。"

摄政王多尔衮听了冯铨所言，笑了笑，说道："别的聪明我不能，这知人一事，我也颇用功夫。"

随后，摄政王多尔衮又谕大学士道："我在东边只闻洪军门是一位清正廉洁的好官，他带兵打仗的本领也相当可观。如松山战役，令我很劳神费心，亲披铠甲，手执武器。卿虽然没有成功，却是可以显出卿的能力。我之体弱精疲亦由于此。"大学士冯铨奏答道："洪军门之前虽然有所冒犯，现在奉使南方，如果可以立功，那么可以将功补过。"

摄政王多尔衮说道："我也感觉他可以胜任，诸王都推荐他，所以让他奉使南方。"

诸臣吃完饭后，摄政王多尔衮各赐香瓜，盛在银盘之中，大学士等顿首向摄政王谢恩道："臣等谢摄政王。" 摄政王多尔衮示意不必客气，随后，诸位大学士慢慢地退了出去。

麟趾门

顺治二年（1645年）闰六月十四日，内院诸臣向摄政王多尔衮奏事。当日的天气起初是下了一阵雨，过了一会儿天空便放晴了。

摄政王多尔衮谕道："昨天，本王和诸位臣工自责分过，今天天气就变得清爽了起来，因此，上下都应当尽心尽力而为。"内院诸臣听了摄政王多尔衮的一番话后，纷纷顿首。

摄政王多尔衮说道："商王成汤用六件事自责，天就降大雨，也只能是他自修德行。如果后世的君主，就是牺牲了，上天未必会灵验。"

内臣听了后对答道："君王一句善念的话就可以了，身为牺牲，亦只躬亲料理牺牲之事。牺牲乃有司之责，成汤以身亲之非真，以身代牺牲也。"

御景亭

摄政王上谕道："明季税法太过于烦琐，细小的物件都有税课，说都说不完。此是祖宗旧有规则，还是后来用来谋取财物的手段？"

内院臣对答道："会典所载乃正税，其余都是添加的。大抵贪官奸吏，枉法欺骗，朝廷未必真正享受过这种利益，这是最大的弊端。"

王上又谕："近来百姓家都开始设置佛堂，不知是什么意思？人性如果善良，上天必然会保佑的；如果不善良，祈福又有什么用呢？"

内院臣对答道："愚蠢的人不知道这些道理，妄为希福，更有善跋邪说迷惑世人、欺骗人民，更加令人憎恨。必须有圣人的教化，才能得到光明。那么，异端邪说自然就停止了。"

摄政王多尔衮上谕洪承畴，说道："凡是我所心爱的人，纵然花费万金也没有关系。昨天赏赐给你的衣帽没有太大价值，你这次去，要用心做事。"

洪承畴对答道："感恩摄政王和皇上的厚恩，臣一定鞠躬尽瘁、死而后已。"

诸位大学士等启奏完各自的事务后，缓缓地各自告退了。

顺治二年（1645）闰六月十八日，大学士等启事读总督军门杨方兴奏本。

摄政王说道："总督杨军门（杨方兴）受事以来，兵马钱粮事事干办，可以说是恪恭尽职了。"

大学士等对答道："正如摄政王所谕，杨方兴不曾推迟延耽误一件事，也不曾办错一件事。"

摄政王曰："钦天监占十六日夜月食，说有微云，风从南方来，主吉年成丰收。此前有占又说君主有遇到灾害流行病等事，一会儿说吉，一会儿又说凶，到底应该信哪个呢？"

大学士等对答道："占验有书，书上记载的为吉就是吉，书上记载的为凶就是凶，占候官不过据书奏报。"

诸臣上奏的事务结束后，便都缓缓地退了出去。

顺治二年（1645年）闰六月二十一日，大学士等奏读山西巡抚马国柱奏本，言土贼扰害岢岚州一带，请求摄政王多尔衮定夺处理意见。

摄政王问道："岢岚州在何处？"

大学士们对答道："在山西太原府西北方。"

重华门照壁图案

摄政王又问："距黄河多远？"大学士对答道："不远。"

……

紫禁城内照壁单龙戏珠图案

接着，大学士刚林又读了顺天提学御史曹溶本章。摄政王多尔衮听了后说道："顺天乡试进场秀才三千，可谓多人？"

大学士等对答道："进考场秀才一般会有四千五百多人，都是由提学官选择起送，其中规定的不超过一百个四五十名。"

随后，大学士又读工科陈鼎清的奏本。

摄政王问："明朝凡遇兴作，是发银还是派夫？"

大学士等对答道："明朝一切大小工役俱是发银雇觅，并无派夫之例。至于疏通沟一事，只是各家自己疏通自家门前的沟渠，如果派南北二城民夫疏通中、东、西三城的沟，实在是太辛苦了。"

摄政王问道："居住在京师的百姓有多少？"大学士对答道："崇祯二年（1629年）普查时，内城和外城二城共有百姓七百万人。"

摄政王多尔衮听了汇报后思考了许久，说道："此役使不过暂借一时，下不为例。"接着又说："这是根据事实陈述，正是言官执掌，准下部讨论。"又曰："奏章一事，是非可否，自有一定之理，君臣不妨明讲。是者固宜嘉纳，非者亦宜折中。如果只为包容，这样做就不可以了。"

大学士等又奏："都察院具揭为赵开心讨衣帽，请问摄政王该如何处办？"摄政王多尔衮道："给他就可以了。"过了一会儿，多尔衮又说话："不是为剃头赏他，而是因为他直谏敢言。赵开心所说的这十件事，未必件件都对，但是，多数还是可以听信的。"

大学士们回答道："遵命，均按摄政王的意思。"诸事处理完毕后大学士们均慢慢地退出议事殿。

顺治二年（1645 年）七月初九，照常和往日一样，大学士们启奏各自

顺贞门匾

之事。

摄政王多尔衮首先说道："今天下一统，事务渐渐繁杂，文职自宜广用。"接着，摄政王问道："凡是抢劫财物、伤人，或者应该分别处理，如果处死，似乎有些不忍心。"

辅臣听了摄政王一席话后，对答道："强盗结交同伙，为暴法均没有赦免，有的强盗人数很多，罪魁祸首一定要治罪，其他同伙，可酌情处置。"

摄政王说道："说得在理。"接着，摄政王多尔衮又说道："凡是审判、定罪，仍需要巡按御史再审的，都是要求谨慎办案。但经御史审过，还应该上报副都御史刘汉儒。"摄政王问辅臣道："今御史差多缺员，知道吏部考选，来报名的也不超过几个人，恐怕不够用。该如何处置？"

辅臣奏道："现御史缺十五人，合取在外，推知考选，并部属改授。"

摄政王说道："着拣选任用。"

……

顺治五年（1648）十一月，多尔衮以皇帝的名义下诏曰："皇叔父摄政王治安天下，有大勋劳，宜加殊礼，以崇功德，尊为皇父摄政王。"

至此，多尔衮又被封为"皇父摄政王"，大权独揽。

第二节　太后下嫁传流言 满城风雨太后婚

傍晚，皇叔父摄政王依旧来到了慈宁宫。

玉儿见到是多尔衮来了，拿出那首诗递到多尔衮面前说道："多尔衮，你看看这个，你看看外面的百姓是怎么说我们的！"

多尔衮接过玉儿递来的那张纸，定睛一看，脸色顿时变了。

"上寿称为合卺樽，慈宁宫中烂楹门；春官昨进新仪注，大礼恭逢太后婚！"多尔衮念道。

"玉儿，是谁在这儿胡说八道？"多尔衮问道。

"是谁写的不要紧，要紧的是天下臣民怎么看我们！""多尔衮，你想过没有？你想过我的感受吗？想

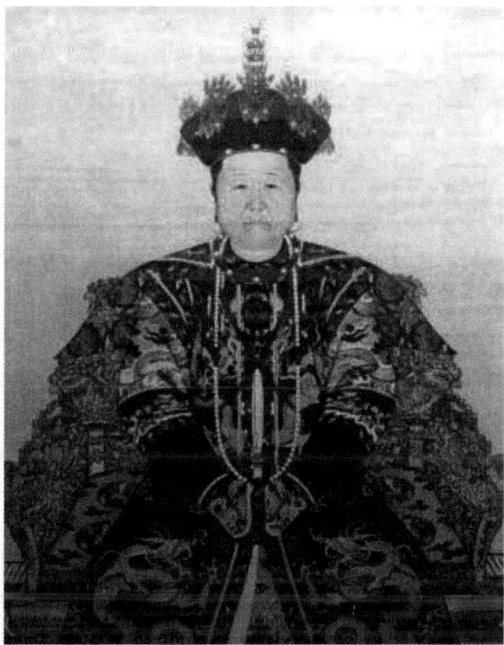

大清孝庄文皇后——博尔济吉特·布木布泰

慈宁门

过皇帝的感受吗？"玉儿凝视着多尔衮说道。

多尔衮一把把玉儿搂在怀中道："玉儿，我怎么没有想过你的感受？满人自古就有弟纳兄嫂的习俗，你嫁给我多尔衮也不是委屈了你，大清的天下本来就是我舍命打下来的。我把皇位留给了你儿子，你就不应该谢我吗？"

玉儿挣脱了多尔衮说道："你怎么能这么说？不错，满人是有弟纳兄嫂的习俗，但现在大清已入主中原，不像当初在关外了，中原这么多百姓你让他们怎么看我们？是皇太后慑于摄政王的权势被迫下嫁还是皇太后早有此念？当初立福临为帝只不过是一时权宜之计，早晚你要当太上皇！多尔衮，我说的对不对？"

多尔衮睁大眼睛看着玉儿，说道："玉儿，我不管天下的百姓怎么说我们，反正你一定要下嫁给我多尔衮！"说罢气冲冲地走了。

苏墨尔见摄政王走了，过来安慰着皇太后说："格格，您也别想不开，眼下不嫁皇叔父又能怎样呢？他现在大权在握，皇帝还没有亲政，还有他得不到的吗！您不如就顺了他的意，就算是为了皇上啊！"

玉儿委屈地把苏墨尔搂在怀中，强忍着的泪水顿时一涌而出，"苏墨尔，我该怎么办……我该怎么办？"苏墨尔也不禁掉下了眼泪。

这一晚，皇太后做了一个奇怪的梦，在梦里，她看到在大朝之上，顺治皇帝福临向天下昭告皇太后下嫁皇父摄政王诏书。

但见，这日早朝，文武百官像往常一样上朝后分列左右。顺治皇帝吩咐道："小吴子，传朕旨意。"

"奴才遵旨。"太监吴良辅回答道。

只见太监吴良辅宣读道："奉天承运，皇帝诏曰：朕以冲龄贱祚，定鼎燕京，抚有华夷，廓清四海，幸内赖圣母皇太后训迪之贤，外仗皇叔父摄政王匡扶之力，一心一德，幸免失坠，方能奠此丕基。顾念圣母皇太后自皇考殡天之后，攀龙髯而望帝，未竟伤心，和熊胆以教儿臣，难开笑口。太后盛年寡居，春花秋月，悄然不怡，郁郁寡欢。皇叔父摄政王之大福晋新近仙逝，皇叔父摄政王现方鳏居，形影相吊，朕躬实深歉仄。幸以皇叔父摄政王托服肱之任，寄心腹之司，宠沐慈恩，优承懿眷。功成逐鹿，抒

慈宁门圖

赤胆以推诚，望重扬鹰，掬丹心而辅翼。与使守经拘礼，如何通变行权？今诸王大臣合词吁请，佥谓父母不宜异居，宜同宫以便定省，酌情酌理，具合朕心。既全夫夫妇妇之伦，亦慰长长亲亲之念。圣人何妨达节，大孝尤贵顺亲。朕之苦衷，当为天下臣民所共谅。爰择吉日将恭行皇父皇母大婚之仪典，谨请合宫同居，着礼部核议奏闻，毋负朕心以孝治天下之美意！后朕施行，钦此！"

满朝文武官员听罢后跪拜道："吾皇万岁万岁万万岁！"

……

慈宁宫正殿

待玉儿醒来后，回忆起梦境，感觉很蹊跷，她想了良久，或许上天有意托梦警告，托梦多尔衮不该拥有"皇父"封号，或许封号的下一步就是变"皇父"为现实，或许……

次日，多尔衮和大玉儿在慈宁宫中休憩，谈笑风生。

"皇上驾到！"吴良辅喊道。

话音刚落，福临就跨进了慈宁宫的门槛。福临向正座一看，他的皇额

娘和皇父都坐在正中，赶忙跪下叩首道："儿臣给皇额娘请安、给皇父请安！"

"免礼，快起来吧！"多尔衮高兴地说道。玉儿也点头示意福临起来。

福临慢慢地站起身道："禀皇额娘，今天儿臣早朝索尼奏报说一些百姓们不满皇额娘下嫁给皇父，到官府闹事，现在那些闹事的百姓已经被官府押入大牢，百姓们要求给他们个说法，儿臣不知如何是好，请皇额娘定夺。"大玉儿听了后不语，她看了一眼多尔衮。

"皇上，我想您不必着急。首先，皇上您必须先把被关押的百姓悉数放出；然后由官府赏给他们每人五两银子，就当是朝廷给他们的误工费；第三，皇上要下道旨意说：今后无论百姓们怎么议论这件事，朝廷绝对不会追究，希望他们能相信朝廷，相信皇上。"多尔衮沉着地说道。

福临看了一眼大玉儿道："皇额娘，这……"

"福临啊！就听你皇父的吧，千秋功过本来就应该留给后人去评说。"玉儿道。

"儿臣谨遵皇额娘懿旨，谨遵皇父教诲。儿臣告退。"说着福临离开了。

"玉儿，福临这孩子应该多历练历练，我想过些时日带他到塞外狩猎，锻炼一下他的能力。"多尔衮说道。

玉儿见多尔衮这么说，考虑了一下想到这对福临也没什么坏处，顺口答道："多尔衮，你是他的皇父呀，狩猎之事就替他做主了吧。"

"是，那臣谨遵皇太后懿旨喽！"多尔衮假装施礼道。

"瞧你，就是这么不正经。"玉儿躲进多尔衮怀里道。

"哈，哈哈……"

第三节　塞外行猎突薨逝　后事安排睿王府

满洲贵族每年都有木兰秋狝的风俗，木兰秋狝实际上就是秋天狩猎，猎物以鹿为主。皇帝会在木兰秋狝之时召见蒙古王公，以示怀柔治国之策。因此，在满洲贵族中，狩猎是一项基本的技能。

顺治七年（1650年）十一月的某日，多尔衮与顺治皇帝福临率领部分两白旗士兵，直出古北口而去。大队人马北行了数日，多尔衮带着两白旗的众将来到喀喇城边外的狩猎场，放眼望去，不由得长叹道："唉！好久没有来这里了，如今四海升平，这里的景色好美啊！"

"是啊！王爷，您日夜为国事操劳，难得出来散散心。"在他身旁的

多尔衮摄政王府

何洛会说道。傍晚，一行的八旗队伍在喀喇城安顿完毕。

稍过一会儿，多尔衮来到福临的起居处，首先多尔衮向福临行礼道："臣多尔衮参见吾皇。"此刻，福临正在书案上埋头苦读，见是多尔衮来了，赶忙起身道："摄政王快快请起，请坐。"

多尔衮忙谢道："谢皇上。"

福临接着又问道："皇父这么晚来找朕有事吗？"

"启禀皇上，我来此之意，是想和皇上告个假，我想在此多住些时日，在猎场散散心。明日狩猎完毕，我派人马先行将皇上护送回京，望皇上恩准。"多尔衮说道。

福临听了，想了想多尔衮这些年以来，没少为大清的国事操劳，既然此番他想告假多住几日，便遂了他的愿吧。说道："好啊，皇父想在这里住多久都行。"

黄昏下的摄政王府

多尔衮一听，连忙叩首谢恩："谢皇上。"

次日清晨，多尔衮和福临用过早膳后，披挂整齐，带好狩猎所用的弓箭，来到了狩猎场。随行大多为两白旗将士与亲信，以确保皇上与摄政王的安全。多尔衮和福临各自上马，二人骑行了一段路程，摄政王多尔衮在路上给顺治皇帝讲了一个故事。

"皇上，"多尔衮正要往下说，福临把话接过去说道："皇父，今日出来围猎不必拘礼。"多尔衮听后说道："那好吧。"于是，多尔衮继续往下说，"皇上，如今您长大了，皇父很快就要归政于你了。皇父希望你能做一位明君。记得《资治通鉴》里有句话说得很好，'君，舟也；民，水也；水能载舟，亦能覆舟。'民心所向的力量是无穷的，因此，你要凡事得民心而为之。就好比今日狩猎所骑的马，你要知道他的耐性，才能驾驭自如。又犹如秋狝，你要给万物复苏的机会，才能永远有猎物可狩。数罟不入洿池，鱼鳖才不可胜食。希望你能从细微的事物体会出治国安邦之道，做个百姓爱戴的好皇帝。"

福临听了这些，很是感动，他想多尔衮对大清、包括对自己的培养也算是尽心了，于是十分感激地向多尔衮说道："谢皇父教诲。"

"好了，时间差不多了，狩猎要开始了，准备吧。"多尔衮说道。

福临看着摄政王多尔衮，默默地点了点头。

说罢，多尔衮环顾了四周，见人员都到齐了，同时看了看身边的多尔博，对他说道："多尔博，今天你也要加油！""是，阿玛。"多尔博应道。

狩猎开始了，各就各位。说话间多尔衮将他的剑向天一指道："好，众将听令：今天大家可以尽情放马狩猎，猎物比本王多的话本王重重有赏。"

"谨遵皇父摄政王旨。"众将齐声答道。

"驾……驾……"说罢摄政王双脚一蹬，马儿向猎场中奔去。

"王爷，慢点儿……慢点儿，等等臣下。"何洛会和一队整白旗的护

卫紧跟在摄政王身后。

突然间，多尔衮发现远处的树丛有一只鹿，他搭上一支箭，拉满弓，瞄准了那只鹿，手一松。当时只听得到箭的声音，"嗖"的一声，箭射向了鹿的左肋，那只鹿随即倒在了血泊之中。

此时何洛会和整白旗的护卫刚好赶到，"王爷神箭，皇父摄政王神箭。"何洛会等大赞道。

"哈……哈……哈……"多尔衮开怀大笑。

"来人，给本王去拾猎物。"多尔衮道。

何洛会向身旁的一个侍卫递了一个眼色，那个侍卫忙答道："喳。"

多尔衮尽情地纵马在这猎场上，孩子般的笑容在他的脸上洋溢着。他又连续射中了五只野鸡、七只野兔……还射中了一只鹰。

天黑时，皇父摄政王的队伍回到了喀喇城。傍晚，众人在一起晚膳，顺治皇帝福临犒劳众将大宴两白旗将士。在场诸位首先举杯敬顺治皇帝，福临一饮而尽。随后说道："希望众将能喝得开心，朕明日还有要事，故不能奉陪诸位了。"说罢，转身而走。在场众人叩首道："恭送皇上。"

接着，摄政王多尔衮开始敬酒。他首先说道："诸位，诸位静一静。"顿时屋内鸦雀无声，连心跳的声音都能听到。

这时，多尔衮举起一杯酒，说道："诸位都是跟随我多年的将领，随我立下了不少汗马功劳，今日本王敬诸位一杯。以谢诸位多年跟随之情。"

众人也跟着举起了酒杯，拱手道："我等愿誓死追随摄政王，唯摄政王马首是瞻。愿皇父摄政王千岁千岁千千岁！"说话间大家一饮而尽。

这一杯下肚后，何洛会站起来道："王爷，属下们再敬王爷，愿大清江山永固，愿皇父摄政王再创奇功，留万世美名！"

"愿大清江山永固，愿皇父摄政王再创奇功，留万世美名！"众人异口同声地说道。

多尔衮听了后更加高兴，道："好！我们干了这杯！"

"干……干……"、"好……好……"屋中只能听到大家互相敬酒的声音。

直至夜深，何洛会见多尔衮已有醉意，向站在一旁的侍女说道："扶王爷休息。"

侍女听到后赶忙过来扶多尔衮去休息。"王爷，夜深了，该休息了！奴婢伺候王爷就寝。"侍女道。

屋内的众人也都是醉的醉，倒的倒……

次日清晨，顺治皇帝福临的车驾在摄政王多尔衮的安排下，早已在喀喇城中恭候多时了。摄政王多尔衮很早就在外面恭候，准备给顺治皇帝送行。

"皇父且留步，朕先行一步，皇父保重。"福临说道。

摄政王多尔衮一行人等看着福临的车驾远去得看不见踪影了，才回去。

回去后，摄政王多尔衮准备了狩猎用具，随亲信继续来到昨日的猎场。多尔衮依旧纵马在无边的猎场中，第三日、第四日、第五日……就这样多尔衮在喀喇城外的猎场一住就是十天。

这一日，多尔衮依旧带着贝勒、贝子及两白旗侍卫在猎场围猎。

"驾……驾，哈……"多尔衮在猎场驰骋着。

"阿玛，阿玛，您慢点儿。"多尔衮的继子多尔博喊到。

刹那间，多尔衮发现远处的山坡上有一只猛虎，他不紧不慢地搭上箭，"嗖"，那支箭正射在那只猛虎的右腿上。不过，这只老虎并没有就此倒下，它挣扎着，试图翻过那座山坡。

多尔衮见老虎没有倒下，又射了两箭，但都没有射中要害，不禁说道："我就不信射不倒你，驾……驾。"他向那只猛虎奔进，怒火不禁生了上来。

"驾……驾"，他觉得自己的胸口一阵剧痛……

"咚"的一声，摄政王多尔衮从马上跌落下来。"阿玛，阿玛……""王

爷……"在不远处的多尔博和何洛会见多尔衮从马上落下来，马上纵马过去。

"阿玛，阿玛……您没事吧！"多尔博把多尔衮扶起来不停地叫着。

"我没事，博儿，你阿玛今天连只老虎都射不死，唉，阿玛是不是老了？"多尔衮强忍着胸口的剧痛说道。

多尔博摇摇头说道："阿玛怎么会老呢？"

"快扶王爷回城。"何洛会对侍卫们命令道。

"阿玛，我来扶您。"多尔博道。

多尔衮的狩猎队伍就这样跟着摄政王一起回到了喀喇城。

多尔衮躺在病榻上，随猎的太医正在为多尔衮诊脉。"我阿玛得的是什么病？"多尔博问道。

胡太医起身看了看多尔博，又看了看站在一旁的何洛会，不住地摇头，"胡太医，你快说啊，摄政王他这是？"何洛会也问道。

胡太医吓得急忙跪倒在地，一个劲地叩首道："臣无能，臣罪该万死，摄政王由于急火攻心，再加上多年打仗身上的旧疾，臣……恐怕……摄政王过……过不了今晚……"

多尔博揪住胡太医说道："你说什么！这么说我阿玛他……治不好我拿你一起去陪葬。"多尔博几乎失去理智了。

何洛会赶忙过来把多尔博劝开，"小主子，您别着急，冷静一下，我们再想想办法。"

多尔博松开胡太医，何洛会示意他先出去，胡太医叩首道："罪臣告退。"

"水……水……"多尔衮用微弱的声音叫着。

"阿玛，水来了。"多尔博把他阿玛轻轻扶起，递过去，"阿玛，请喝。"多尔博的泪水再也忍不住，掉在了多尔衮的身上。

此刻，两白旗的将领和多尔衮的亲信跪了一地，一直跪到了屋外的院子中。

多尔衮用手摸着多尔博的脸，用尽自己的气力说道："孩子，不要哭，你阿玛是要不行了……"

"阿玛，您快别这么说。"多尔博又道。

"孩子，你听阿玛说。阿玛这辈子有一半的时光都在马背上度过，刀里来枪里去，可惜我多尔衮不能死在战场上……""阿玛老了，连老虎都射不中了。孩子，你以后要好好习武，做个大英雄，记住……"多尔衮说着说着又昏了过去。

"阿玛……阿玛……"多尔博不住地摇晃道。"王爷、王爷……"何洛会也不住地叫道。

在众人的呼唤声中，多尔衮慢慢睁开了眼睛。多尔衮感觉到自己突然清醒了许多，不知从哪儿来的一股力气，使他渐渐坐了起来。

多尔衮看了看跪满一屋的众人，不住挥手道："你们都起来，起来……你们看我这不是没事了吗！"

此刻大家都知道，摄政王命不久矣。

"阿玛，您还有什么话要说的吗？"多尔博俨然已哭成了泪人，断断续续地说道。

多尔衮眼前浮现出了大玉儿的画面，他不住地叫道："玉儿、玉儿……"不禁也落下了泪。突然他感觉到心口的一阵刺痛，难以忍受的刺痛，他自知命不久矣，安详地离开了他深爱的北国、深爱的江南，更深爱的玉儿……

"阿玛……""王爷……"屋内顿时哭成了一片。

"皇父摄政王薨逝了！"何洛会悲痛地宣布道。

"王爷……王爷……"众将士也都为多尔衮的死而悲痛。

顺治七年十二月初九（1650年12月31日）戌时，38岁的摄政王多尔衮薨逝于喀喇城。多尔衮狩猎京师之外，突然死于喀喇城，他也许不曾想到身后的一切安排，更不曾想到大玉儿如何，因为他没有想到自己的突

然猝死。

"启禀圣母皇太后，这是来自喀喇城的加急密函。"太监小顺子说着把这封信递了过去。

苏墨尔赶紧接了过来，示意小顺子先下去，随即把秘函递到大玉儿面前。大玉儿接过来打开一看，顿时震惊了，鼻子一酸，眼泪一滴滴地往下滑落。

慈宁门门前麒麟

苏墨尔见大玉儿的表情，很是不解，忙问道："格格，这是怎么了？"

"多尔衮他……他薨逝了！"玉儿悲痛地说道。

"啊！皇父他……"苏墨尔也落下惋惜的泪水。

"多尔衮他……他才 38 岁啊！怎么就……"大玉儿越说越伤心。

"格格，您请节哀吧！人死不能复生，皇父如果看到您这样一定会不安的。"苏墨尔哽咽着说。

"他这一生，我欠他的实在太多了，没想到……他这么快就给自己的生命画上了结束句点。我再也见不到他了。""呜……"大玉儿此时已经抑制不住自己的泪水，任凭眼泪在面颊上滑落。

"苏墨尔，快，快去将此事告知皇上。"大玉儿强止住哭声说道。

"奴婢遵旨！"苏墨尔擦了擦眼泪回道。

太和殿匾——建极绥猷

"什么？皇父摄政王薨逝！"福临听到这个消息后也感到十分震惊，他是又悲又喜，悲的是他的皇父不幸英年早逝，喜的是自己可以提前亲政了。福临回想着十几天前还曾和多尔衮一起围猎，多尔衮还曾给他讲治国的方略。可是没想到，自己刚刚回京不久，摄政王多尔衮便薨近，未免太突然了。

"苏嬷嬷，你去回禀我皇额娘，说朕知道此事了，朕一会儿就过去给皇额娘请安。"福临说。

"是，皇上，那奴婢先告退了。"苏墨尔说道。

"小吴子。"顺治帝唤道。

"奴才在。"吴良辅慌张地跑过来。

"马上给朕备车，起驾慈宁宫。"福临道。

"喳。"吴良辅跪首道。

顺治帝来到了他皇额娘的慈宁宫，福临高兴地叫着："皇额娘，皇父他薨逝了，我可以提前亲政了。"

"你给我住口，他毕竟做过你的皇父，你怎么能这么说？"

玉儿又说道："福临，你皇父为大清江山操劳，对皇儿忠心辅佐，不幸英年早逝，你应该感激他。没有他，你做不了这个皇帝。"

"所以，你必须出宫迎接你皇父灵枢还京。而且，要以帝王之礼厚葬他。知道吗！"玉儿语重心长地说道。

福临不由的上下打量着他的皇额娘，问道："皇额娘，我不是听错了吧！让我厚葬多尔衮？"

玉儿道："是的，皇帝。《孝经》中曾说：'一人有庆，兆民赖之'，皇上一定要给天下百姓以表率，厚葬你的皇父。"

顺治帝听了虽然有点不情愿，但还是勉强地回道："儿臣谨遵皇额娘懿旨。"

"儿臣告退。"顺治帝又说。

于是，顺治皇帝福临率土公亲贵、文武官员身穿缟服，出神武门，一直来到了东直门外，迎到了正在回京的皇父摄政王灵枢。

第四节　追尊为帝成前例　削爵去谥真传奇

次日，顺治帝发下《摄政王多尔衮薨逝诏书》，着太监总管吴良辅宣读。

"小吴子。""奴才在。""你来替朕宣读这份诏书。""奴才遵旨。"说罢，吴良辅接过诏书后当着文武百官宣读了起来。

"诏书。昔太宗文皇帝升遐之时，诸王群臣拥戴皇父摄政王，朕皇父摄政王坚持推让，扶立朕躬。又平定中原，混一天下，至德丰功，千古无两，不幸早逝……以疾上宾，朕心催痛，率土衔哀，中外丧仪，合依帝礼。钦此！"

满朝文武听后也只好三呼万岁。"吾皇万岁万岁万万岁。"

退朝后，回到御书房，顺治皇帝才松了一口气。

"唉，朕也算对得起他了。"顺治皇帝自言自语道。

这时，宫女端来一碗燕窝银耳汤到福临面前。

"皇上，请用汤吧。这是圣母皇太后特地命奴婢给您准备的。"宫女说道。

吴良辅赶紧接了过来，递到顺治面前道："皇上，您还是趁热喝了吧。天气凉，趁热暖暖身子。"

顺治帝接过后喝了两口便放在桌案上了。片刻后，太监小李子进来禀报道："回皇上，何洛会何大人在外面求见，说是有要事禀报，手里还拿

乾清宫——正大光明匾

了份折子。"

"叫他进来吧。"福临道。

"喳。"小李子回道。

"臣何洛会叩见吾皇，吾皇万岁万岁万万岁。"

"行了，起来吧。""今儿个见朕有什么事吗？"福临问道。

何洛会拱手道："回皇上，臣等希望皇上追封皇父摄政王为皇帝。"

"追封为皇帝？"福临疑惑地问道。

何洛会又道："是，皇上。皇父摄政王堪称我大清开国定基第一人，尊为皇帝，是对皇父摄政王功绩的一种肯定，也是皇上仁孝的体现。这样皇上给万民以表率，何愁我大清不万众归心啊？""臣这里有一份文武百官联名上奏的追尊皇父摄政土为帝的折了，请皇上过月。"

吴良辅忙接过折子，随即递到了福临面前。

顺治帝接过折子后打开看了看，对何洛会说道："你先下去吧，容朕

养心殿宝座

养心门外照壁图案

考虑一下。"

何洛会道："微臣告退。"

深夜，福临正在为这封折子发愁，在书案边踱来踱去。

他心里在想着诏书的事，自言自语道："唉，皇父呀皇父，你生前位尊显贵，死后还要图个虚名？"又一想多尔衮为大清社稷鞠躬尽瘁，想起了小时候多尔衮教自己骑马、射箭，不由心中又生了一份感激之情……

太和殿

"好吧，朕就下诏追尊你为皇帝。"

顺治七年（1650年）十一月，福临下诏尊多尔衮为义皇帝，庙号成宗。

"皇父摄政王代天摄政，治安天下，定鼎中原，不负朕心，奠此丕基，乃皇父之功也。盖追皇父之功德，尊皇父摄政王为义皇帝，庙号成宗。永享太庙。钦此！"

紫禁城角楼

　　三个月后，即顺治八年（1651年）二月，内大臣苏克萨哈、郑亲王济尔哈朗等告多尔衮有谋逆大罪，理应当诛。

　　济尔哈朗在早朝上向顺治皇帝跪奏道："昔太宗文皇帝龙驭上宾，诸王大臣共矢忠诚，翊戴皇上。方在冲年，令臣济尔哈朗与睿亲王多尔衮一同辅政。待后多尔衮独擅威权，不令济尔哈朗预政，遂以母弟多铎为辅政叔王。背誓肆行，妄自尊大，自称皇父摄政王。凡批票本章，一以皇父摄政王行之。仪仗、音乐、侍从、府第，僭拟至尊。擅称太宗文皇帝序不当立，以挟制皇上，勾陷威逼，使肃亲王不得其死，遂纳其妃，且收其财产。更悖理入生母于太庙。佞妄不可枚举。臣等从前畏威吞声，今冒死奏闻，伏愿重加处治。"

　　顺治皇帝坐在大朝上，听着济尔哈朗上奏的多尔衮一条条罪状，越听越生气，待济尔哈朗说罢，顺治皇帝生气地说道："退朝！"

　　"恭送皇上！"文武官员叩首说道。

回到书房后，福临还在生气，喃喃自语道："哼！太不像话了、太不像话了。"紧接着，福临提起笔来，写下了悉数罗列多尔衮罪状的诏书。

顺治八年（1651 年）二月二十一日，顺治皇帝福临下诏公布多尔衮罪状，将先前所封恩典悉行追夺。清算了与多尔衮关系亲密的亲信，令继子多尔博归宗。废掉摄政王府。

多尔衮摄政王府被废后改为普度寺之正殿

多尔衮摄政王府被废后改为普度寺之山门

　　顺治皇帝福临同时下令毁掉了东直门外多尔衮的陵寝（原位置位于今北京市东直门新中街附近）。将多尔衮的尸体从陵寝的地宫中掘出，用棍子敲、鞭子抽，削首暴尸示众，多尔衮的陵寝被夷为平地。

结语：奇韬伟略集一身　功勋卓著载史册

一百多年后，乾隆四十三年（1778 年），乾隆皇帝弘历给摄政王多尔衮翻案。弘历认为，摄政王多尔衮一案实为冤案，就多尔衮奉世祖车驾入燕京，统一中原之功绩，应当肯定。他为大清开国功勋卓著。于是下诏为其昭雪，同时恢复睿亲王王爵，其封爵位"世袭罔替"。仍由多铎第四子多尔博后代承袭。令多尔博五世孙爱新觉罗·淳颖承袭睿亲王王爵。接着，乾隆皇帝弘历在东直门外睿亲王园寝处为多尔衮重修茔墓，令其配享太庙，还另选新址修建了睿亲王府。至此，睿亲王多尔衮成为了清初八大铁帽王之一。

如今的睿亲王园寝地址在东直门外新中街附近。原园寝坐北朝南，最南边有神桥一座，下边有月牙河。建有宫门、栅

大清高宗纯皇帝弘历

中和殿宝座

栏门，围墙、子墙。进宫门是东西朝房，碑楼两座，内有两块螭首龟趺碑。正对宫门有享殿五间。享殿后有月台，月台上有大宝顶一座，大宝顶后有小坟头四座。宝顶北边是半圆弧的"跨栏"墙。墙北还有大山子一座，院墙内外种植有松柏树。

辛亥革命以后，睿亲王爱新觉罗·中铨将地面建筑拆卖。1940年，金颐年先生经手将灵起走。从这以后，睿亲王园寝仅存红墙根基，三合土拜台。2006年，笔者再次考察睿亲王园寝时，已无任何遗迹，原址在现今停车场附近。

附：多尔衮大事年表

明万历四十年农历十月二十五日（1612年11月17日），爱新觉罗·多尔衮出生于赫图阿拉（今辽宁省新宾县赫图阿拉老城），生母是大妃乌拉纳喇·阿巴亥。天命汗努尔哈赤给这个儿子起名曰：多尔衮，满文拼写为：dorgon，满语意为：熊。

1岁　明万历四十一年（1613年）二月，努尔哈赤为了统一女真，灭掉海西女真乌拉部（乌拉纳喇·阿巴亥的故乡）。

4岁　明万历四十四年（1616年），即后金元年，努尔哈赤于赫图阿拉御八角殿自立为汗，定国号金，史称后金，建元天命，始行元旦受贺之典，始制卤簿用乐。

9岁　后金天命五年（1620年），努尔哈赤攻占沈阳，分封八旗。多尔衮与弟多铎被合立为和硕额真（旗主），同掌一旗。

12岁　后金天命八年（1623年），迎娶蒙古科尔沁部博尔济吉特氏为妻。

13岁　后金天命九年（1624年），努尔哈赤迁都沈阳。

14岁　后金天命十一年（1626年）八月十一日，老汗王努尔哈赤死于瑷鸡堡。次日，生母乌拉纳喇·阿巴亥生殉。九月，皇太极即位于大政殿，以次年为天聪元年。

16岁　　后金天聪二年（1628年），随天聪汗皇太极出征察哈尔蒙古多罗特部，取得敖木伦大捷（今大凌河上游），首立战功，被天聪汗赐号："墨尔根戴青"（满语意为聪明的统帅），晋封固山贝勒。

17岁　　后金天聪三年（1629年），随天聪汗皇太极征明，与贝勒莽古尔泰等人围攻北京，于蓟州打败明廷山海关援军。

19岁　　后金天聪五年（1631年），后金初设六部，多尔衮受命掌管吏部。与贝勒阿巴泰等攻占锦州。

20岁　　后金天聪六年（1632年），与贝勒济尔哈朗在归化城西南黄河岸俘蒙古部众。

22岁　　后金天聪八年（1634年），率军讨伐山西。

23岁　　后金天聪九年（1635年）二月，任大元帅，出征蒙古察哈尔部的林丹汗，大胜而归。并获元朝传国玉玺。

24岁　　公元1636年，即崇德元年，皇太极改国号为清，改元崇德。晋封为"和硕睿亲王"。

25岁　　清崇德二年（1637年），与肃亲王豪格攻克江华岛，朝鲜国王李倧请降。

26 岁　　清崇德三年（1638 年），率军伐明，攻占济南。

28 岁　　清崇德五年（1640 年），率军围困锦州，败明军于宁远、杏山、松山等地。

29 岁　　清崇德六年（1641 年），因私遣甲兵归家，被罚银万两，降为睿郡王。

30 岁　　清崇德七年（1642 年）二月，再次讨伐明军，俘获洪承畴。

31 岁　　清崇德八年（1643 年）八月初九日，清太宗皇太极猝死于盛京清宁宫。拥立皇太极第九子福临为帝，与济尔哈朗共同辅政。

32 岁　　清顺治元年（1644 年）五月攻占北京，十月，晋封为"叔父摄政王"。

33 岁　　清顺治二年（1645 年）五月，晋封为"皇叔父摄政王"，并按帝王礼制为多尔衮记《摄政王起居注》。

35 岁　　清顺治四年（1647 年），修成《大清律》，命颁行全国。七月，罢济尔哈朗辅政，独揽朝政。

36 岁　　清顺治五年（1648 年）十一月，晋封为"皇父摄政王"。

37 岁　　清顺治六年（1649 年）三月十八日，同母弟豫亲王多铎患天花，不幸薨逝。十二月，妻元妃卒，令两旗牛录章京以上官员及妻皆衣缟素，六旗牛录章京官员以上皆去缨。

38 岁　　清顺治七年十二月初九（1650 年 12 月 31 日），薨逝于喀喇城（今河北省承德市滦平郊外），享年 38 岁。顺治皇帝追尊摄政王多尔衮为懋德修道广业定功安民立政诚敬义皇帝，庙号成宗，配享太庙。不久后，多尔衮被追罪，顺治皇帝下令削其爵位、去谥号。同时，令养子爱新觉罗·多尔博归宗。

128 年后　　清乾隆四十三年（1778 年），乾隆皇帝为睿亲王平反，复还"睿亲王"封号，令其养子爱新觉罗·多尔博五世孙爱新觉罗·淳颖承袭睿亲王王位。

参考文献

一、古籍类：

（清）陈具庆等：《多尔衮摄政日记》，北平故宫博物院编，民国二十二年版（1933年）

中华书局影印：《清太祖武皇帝实录》，中华书局，1987年版

中华书局影印：《清太宗实录》，中华书局，1987年版

中华书局影印：《清世祖实录》，中华书局，1987年版

赵尔巽等撰：《清史稿》，中华书局，1976年版

二、专著类：

左步清主编：《清朝皇帝传略》，紫禁城出版社，1991年版

李鸿彬著：《清朝开国史略》，齐鲁出版社，1997年版

姚继荣、张廷银著：《中华姓氏通史——爱新觉罗姓》，东方出版社，2002年版

孟森著：《清史讲义》，中华书局，2007年版

冯其利、周莎著：《重访清代王爷坟》，燕山出版社，2007年版

周莎著：《明清墓葬》，百花文艺出版社，2008年版

后　记

本书原是我开始撰写《清朝十二王》时的一个书稿，后因其他事务将此书稿暂时搁置。从开始构思到现在，光阴荏苒，已经过去十年了。而今，利用攻读硕士学位的空闲，重拾文稿，加以润色，写成此本小书。

本书旨在塑造多尔衮这一历史人物的形象，故文中有一些"故事成分"。若读者想了解真实的历史，或做进一步的研究，可以按照参考资料所列之书进行研读。希望通过本书，可以培养读者的历史兴趣，有更多的读者愿意了解历史。

撰写本书时，身在南岛留学，搜集资料不易，又为配图而奔波拍摄。复经前后一年拖沓，深表歉意，感谢刘志宏在时间上的宽宏大量，不断地鼓励我。承蒙刘编辑不弃，再次表示衷心的感谢！

《绝世英雄——多尔衮传奇》一书终于要与读者见面了，在撰写本书期间，得到了来自师长、朋友的鼓励与帮助，在此一并表示谢忱！要特别说明的是，作者驽钝，学识有限。因此，本书肯定会有疏漏和不妥之处，敬祈读者不吝赐教。

最后，我还要感谢新华出版社，使得此书得以出版。

作者　农历乙未年三月
于首都师范大学北二区 529 室静德堂